AS FACES
DA MÃE DIVINA

Editora Appris Ltda.
1.ª Edição - Copyright© 2020 dos autores
Direitos de Edição Reservados à Editora Appris Ltda.

Nenhuma parte desta obra poderá ser utilizada indevidamente, sem estar de acordo com a Lei n° 9.610/98. Se incorreções forem encontradas, serão de exclusiva responsabilidade de seus organizadores. Foi realizado o Depósito Legal na Fundação Biblioteca Nacional, de acordo com as Leis n°s 10.994, de 14/12/2004, e 12.192, de 14/01/2010.

Catalogação na Fonte
Elaborado por: Josefina A. S. Guedes
Bibliotecária CRB 9/870

T591f 2020	Tinoco, Carlos Alberto 　　As faces da mãe divina / Carlos Alberto Tinoco. - 1. ed. – Curitiba : Appris, 2020. 　　　143 p. ; 23 cm. – (Literatura). 　　Inclui bibliografias 　　ISBN 978-65-5820-105-2 　　1. Deusas mães. 2. Mulheres místicas. I. Título. II. Série. 　　　　　　　　　　　　　　　　　　　　　　　CDD – 202.14

Livro de acordo com a normalização técnica da ABNT

Appris editora

Editora e Livraria Appris Ltda.
Av. Manoel Ribas, 2265 – Mercês
Curitiba/PR – CEP: 80810-002
Tel. (41) 3156 - 4731
www.editoraappris.com.br

Printed in Brazil
Impresso no Brasil

Carlos Alberto Tinoco

AS FACES
DA MÃE DIVINA

FICHA TÉCNICA

EDITORIAL	Augusto V. de A. Coelho
	Marli Caetano
	Sara C. de Andrade Coelho
COMITÊ EDITORIAL	Andréa Barbosa Gouveia - UFPR
	Edmeire C. Pereira - UFPR
	Iraneide da Silva - UFC
	Jacques de Lima Ferreira - UP
ASSESSORIA EDITORIAL	Evelin Louise Kolb
REVISÃO	Ana Paula Luccisano
PRODUÇÃO EDITORIAL	Gabrielli Masi
DIAGRAMAÇÃO	Daniela Baumguertner
CAPA	Daniela Baumguertner
COMUNICAÇÃO	Carlos Eduardo Pereira
	Débora Nazário
	Karla Pipolo Olegário
LIVRARIAS E EVENTOS	Estevão Misael
GERÊNCIA DE FINANÇAS	Selma Maria Fernandes do Valle

COMITÊ CIENTÍFICO DA COLEÇÃO LINGUAGEM E LITERATURA

DIREÇÃO CIENTÍFICA Erineu Foerste (UFES)

CONSULTORES

- Alessandra Paola Caramori (UFBA)
- Alice Maria Ferreira de Araújo (UnB)
- Célia Maria Barbosa da Silva (UnP)
- Cleo A. Altenhofen (UFRGS)
- Darcília Marindir Pinto Simões (UERJ)
- Edenize Ponzo Peres (UFES)
- Eliana Meneses de Melo (UBC/UMC)
- Gerda Margit Schütz-Foerste (UFES)
- Guiomar Fanganiello Calçada (USP)
- Ieda Maria Alves (USP)
- Ismael Tressmann (Povo Tradicional Pomerano)
- Joachim Born (Universidade de Giessen/Alemanha)
- Leda Cecília Szabo (Univ. Metodista)
- Letícia Queiroz de Carvalho (IFES)
- Lidia Almeida Barros (UNESP-Rio Preto)
- Maria Margarida de Andrade (UMACK)
- Maria Luisa Ortiz Alvares (UnB)
- Maria do Socorro Silva de Aragão (UFPB)
- Maria de Fátima Mesquita Batista (UFPB)
- Maurizio Babini (UNESP-Rio Preto)
- Mônica Maria Guimarães Savedra (UFF)
- Nelly Carvalho (UFPE)
- Rainer Enrique Hamel (Universidad do México)

Ao caríssimo amigo Eduardo Sokoloski Junior, criador da "Confraria dos Bruxos", por promover jantares magníficos em sua casa quando se reúnem os integrantes da confraria. A você Eduardo, que nos iluminou com suas aulas sobre vinhos, a você, esse Grande Sommelier, dedico este livro.

Na foto acima, a "Confraria dos Bruxos", da esquerda para a direita, com Eduardo Sokoloski Junior, Dr. Gilberto Gaertner, Carlos Alberto Tinoco, Dr. Celso Olavo Pühl Krieger, Vinícius Santana (Vina) e Rafael Gaertner.

Na foto acima, outro momento da "Confraria dos Bruxos", com Eduardo ao centro.
Curitiba, verão de 2020

REGINA MARTYRUM

Lírio do Céu, sagrada criatura
Mãe das crianças e dos pecadores,
divina como a luz e as flores
Das virgens castas a mais casta e pura;

Do azul imenso, dessa imensa altura
Para onde voam nossas grandes dores,
Desce os Teus olhos cheios de fulgores
Sobre os meus olhos cheios de amargura!

Na dor sem termo pela negra estrada
Vou caminhando a sós, desatinada,
– Ai! Pobre cega sem amparo ou guia!

Sê Tu a mão que me conduz ao porto
Ó doce mão da luz e do conforto,
Ilumina o terror desta agonia.

(DE SOUSA, Auta. *Obras-primas da poesia religiosa brasileira.* Seleção e notas: Jamil Almasur Haddad. São Paulo: Livraria Martins Editora, 1955. p. 196)

APRESENTAÇÃO

O enorme impulso humano para o transcendente, para o místico, para o mágico, para a imortalidade é algo que faz parte da memória ancestral da humanidade. Toda a história da civilização é permeada por sacerdotes, hierofantes, deuses, adivinhos, sibilas, médiuns e bruxos, buscando encontrar no âmago das coisas um "centro", um significado profundo, uma realidade plena de luz, de iluminação. Sobre isso, há um verso da *Brhadaranyaka Upanishad* que diz (I, 3, 28):

> Do irreal, conduza-me ao REAL,
> Das trevas, conduza-me à LUZ;
> Da morte, conduza-me à IMORTALIDADE!

As primeiras aspirações do ser humano em sua busca pela imortalidade é um fato anterior à história. De acordo com décadas de pesquisas arqueológicas, os humanos em todo o mundo usaram substâncias psicoativas, como ópio, álcool, plantas e cogumelos alucinógenos, desde os tempos pré-históricos, desde o neolítico, pelo menos. Foram encontradas, em antigas cavernas, restos de plantas e de cogumelos alucinógenos usados em danças rituais.

Há no ser humano um senso oculto, secreto, de imortalidade, uma sede insaciável por bem-aventurança. Fósseis humanos, pinturas rupestres, achados antropológicos e paleontológicos apontam para a presença de antigos rituais envolvendo danças, invocações e práticas mágicas.

Este Vale da Vida, este Mundo Superior, esta instância interrogativa inconsciente que nos arrasta para o Insondável podem ser atingidos pela prática da meditação, do Hatha Yoga, da atividade sexual, pela contemplação da beleza na arte e na natureza, pela oração, pela prática da compaixão, pela caridade, pela dança, pela psicose, pelo isolamento sensorial, pela fadiga extrema, pela sobrecarga sensória, pela hipnose, pelo parto, pela paternidade, pela proximidade da morte, pelo jejum, pela iniciação espiritual e muitos outros meios. Essa instância superior pode ser chamada de Vale de Luz, Fonte que Nunca Seca, Centro Imutável, Consciência Superior, Samadhi, Nirvana, Reino dos Céus etc. Somente por meio da alteração da consciência é possível encontrar essa Insondável Beleza. Essa Realidade Subjacente, essa Realidade Final não é clara nem imediatamente percebida, exceto por aqueles raros que se fizeram puros de coração, que fizeram a opção por uma vida simples e sem ostentação, que decidiram caminhar pela "porta estreita".

Vejamos o que nos diz Sri Aurobindo sobre este assunto:[1]

> A primeira preocupação do homem quando seu pensamento despertou e, ao que parece, sua preocupação inevitável e última – é também a mais alta que seu pensamento pode considerar. Ela se manifesta no pressentimento da Divindade, no impulso à perfeição, na busca da Verdade pura e da Beatitude sem mistura, no sentido de uma secreta imortalidade. As antigas auroras do conhecimento humano nos deixaram seu testemunho dessa constante aspiração; hoje vemos uma humanidade saciada mas não satisfeita com a análise vitoriosa dos aspectos externos da Natureza, preparando-se para voltar a seus anseios primevos. A primeira fórmula de Sabedoria promete ser a última – Deus, Luz, Liberdade, Imortalidade.

Há no ser humano uma aspiração ascendente, algo indefinido que o eleva para o alto, para a beleza, para a perfeição. A maioria dos problemas humanos refere-se a questões de harmonia, de equilíbrio, de ascensão, de preparação para algo superior. Todos nós sentimos uma espécie de nostalgia, de insatisfação inconsciente que nos arrasta para o divino. Este é o maior dos arquétipos, o mais forte impulso humano. A maioria das pessoas não percebe claramente esse impulso. Essa instância interrogativa aparece de um "estado de discórdia" ainda não solucionada, de uma aspiração inconsciente para Deus, para o Vazio Luminoso ainda não encontrado.

Que todos aqueles que sentem essa "pressão pelo Infinito", essa sede pelo transcendente, possam encontrá-la por meio da Mãe Divina!

O autor[2]

---

[1] AUROBINDO, Sri. *A vida divina*. São Paulo: Editora Pensamento, 2018.

[2] Carlos Alberto Tinoco é engenheiro civil, mestre em Educação e doutor em História da Educação, com uma tese sobre o yoga. É possível encontrá-lo em: yogatatva@yahoo.com.br ou www.carlostinoco.blogspot.com

PREFÁCIO

Para os que conhecem pessoalmente o Prof. Tinoco, sabem de sua vocação para o estudo, a pesquisa e os fundamentos da ciência do Yoga, da Meditação e de sua percepção direta com o Divino.

Nesta obra, apresenta-nos as diversas formas da Grande Mãe ou Mãe Divina que está presente em várias tradições e culturas. A seguir, alguns exemplos.

No Hinduísmo:

- A Deusa Shakti: a força cósmica, esposa de Shiva. De acordo com o Vedanta (3.000 a.C. nas margens do rio Indo), Shakti e Shiva coexistem, são entidades inseparáveis.

- A Deusa Kali: destruidora da ignorância, a que mantém a ordem do mundo. Representa a Mãe Natureza. A Deusa da morte do ego. No Tantrismo, a Divina Mãe, a que elimina toda a maldade.

- A Deusa Durga: com 10 braços, cavalga um tigre e assume gestos com as mãos (mudras).

- Parvati: a Deusa guerreira, caçadora de demônios.

- Lakshmi, Sarasvati e tantas outras.

- *No Xintoísmo*:

- Amaterasu-Ōmikami: a Deusa que brilha no céu. Deusa do sol e do universo.

No Taoismo:

- Yaochi Jinmu: a Rainha Mãe.

No Budismo:

- Kuan Yin, Bodhisattwa Celeste: aquela que ouve os prantos do mundo. Essa forma está crescendo muito na China, onde foi construída uma estátua de 108 metros na região sulista de Hainan. Hoje é um centro de culto e peregrinação de todo o oriente budista. Definida como o "Barco da Salvação". É curioso ver a China se transformando em culto à Mãe Divina.

No Budismo Tibetano:

- Tara: Buda feminina da sabedoria, união e compaixão. Nasce de uma lágrima derramada pelo Buda, ao ver o sofrimento do mundo.

No Islamismo:

- Maria, a Mãe de Jesus, assume posição especial. "E lembra-lhes, Muhammad, de quando os anjos disseram, 'Ó Maria! Por certo Deus te escolheu e te purificou, e te escolheu sobre todas as mulheres dos mundos. Ó Maria! Sê devoto a teu Senhor e prostra-te e curva-te com os que se curvam (em oração)'" (ALCORÃO 3: 42-43).

No Cristianismo:

- Maria: Nossa Senhora – A Rainha do céu, a Mãe de Jesus.

Na Cosmovisão Indígena:

- "A Mãe Terra conversa com o ser humano, através dos ventos, do movimento dos pássaros, dos rios e do fogo. Algumas tribos seguiram a Lua, e teceram um conhecimento para o interior da Terra, o interior de si" [3]

- A Hécate grega: na Grécia antiga, Deusa da lua e da magia.

- A Deusa Ísis: no Egito.

- Prosérpina: na mitologia romana.

- Coatlicue: na mitologia asteca, Deusa da vida e da morte.

- As Valquírias: na mitologia nórdica, conduziam os guerreiros mortos ao grande salão, Valhalla.

Exemplos de Santas que estabeleceram a unidade com Deus:

- Ananda Mayi Ma: a santa hindu, com seu lindo sorriso de menina, é mais um exemplo de adiantado estado de Realização Divina.

---

[3] JACUPÉ, Kaka Werá. *A terra dos mil povos*. São Paulo: Fundação Peirópolis, 1998.

Com impessoalidade e sabedoria, concebia o Divino amor da Mãe Universal.

- Teresa Neumann: a grande mística católica da Baviera, ela alimentava-se somente com uma pequena hóstia. Teresa, que falava o aramaico e o hebraico, submeteu-se várias vezes a observações científicas.

- Giri Bala: sua dieta era o prana (ar puro). Dominava a técnica yogue, que lhe permitia viver sem comer.

- Teresa d'Ávila: em Savikalpa Samadhi, surpreendia as freiras do convento que eram incapazes de mudar sua posição corporal e fazê-la voltar à consciência exterior.

- Irmã Dulce: a santa brasileira dos pobres. Dedicou a vida aos menos favorecidos.

Finalmente, nossa homenagem às diversas mestras que trabalham secretamente para minimizar todo sofrimento humano.

O título do livro nasce de um transcendente brinde com vinho tinto em minha casa.

JAI MA!

Eduardo Sokoloski Junior

SUMÁRIO

INTRODUÇÃO 21

I
A INFERIORIZAÇÃO DAS MULHERES 25
   REFERÊNCIAS BIBLIOGRÁFICAS 33

II
MÃES DIVINAS NO BUDISMO 35
   1. KUAN YIN 35
   2. TARA 38
   3. DAKINIS 46
   REFERÊNCIAS BIBLIOGRÁFICAS 51

III
MÃES DIVINAS NO HINDUÍSMO 53
   1. MAHA LAKSHMI NARASIMHA 53
   REFERÊNCIAS BIBLIOGRÁFICAS 58
   2. KALI 58
   REFERÊNCIAS BIBLIOGRÁFICAS 64
   3. DURGA 65
   REFERÊNCIAS BIBLIOGRÁFICAS 67

IV
MÃES DIVINAS NO NORTE DA EUROPA 69
   1. INTRODUÇÃO AOS MITOS DO NORTE DA EUROPA 69
   2. AS VALQUÍRIAS 70
   3. FREYA 74
   4. FRAU BERCHTA (FRAU BERTHA) 75
   5. RAN 75
   6. IDUNA 77
   7. SIF 79
   8. GERDA 82
   REFERÊNCIAS BIBLIOGRÁFICAS 83

V
MÃES DIVINAS NO JAPÃO 85
1. INTRODUÇÃO AO XINTOÍSMO 85
2. AMATERASU 85
3. UKEMOCHI 87
REFERÊNCIAS BIBLIOGRÁFICAS 87

VI
MÃES DIVINAS NO TAOISMO 89
1. INTRODUÇÃO AO TAOISMO 89
2. XI WANGMU 93
3. XUAN NU 94
4. MATSU 94
5. LONG MU 95
6. MENG PO 96
REFERÊNCIAS BIBLIOGRÁFICAS 97

VII
MÃES DIVINAS NOS GUARANIS 99
1. DEUSAS GUARANIS 99
2. DEUSAS DA AMAZÔNIA BRASILEIRAS 100
   a. JACI 100
   b. NAIÁ 102
   c. JURARÁ-AÇU 104
   d. IARA 105
   e. CEUCI 106
REFERÊNCIA BIBLIOGRÁFICA 107

VIII
NOTA SOBRE TEXTOS BÍBLICOS NÃO CANÔNICOS 109
1. OS EVANGELHOS APÓCRIFOS 109
REFERÊNCIAS BIBLIOGRÁFICAS 112
2. OS EVANGELHOS GNÓSTICOS (TAMBÉM APÓCRIFOS) 113
3. OS MANUSCRITOS DO MAR MORTO 113

IX
MULHERES E MÃES NOTÁVEIS NO CRISTIANISMO E NO HINDUÍSMO 117
   1. INTRODUÇÃO 117
   2. A VIRGEM MARIA 118
   REFERÊNCIAS BIBLIOGRÁFICAS 124
      SITE CONSULTADO 124
   3. MARIA MADALENA 125
   REFERÊNCIAS BIBLIOGRÁFICAS 128
   4. TERESA D'ÁVILA 129
   REFERÊNCIAS BIBLIOGRÁFICAS 133
   5. SANTA IRMÃ DULCE 133
   REFERÊNCIAS BIBLIOGRÁFICAS 137
   6. ANANDA MAYI MA 138
   REFERÊNCIAS BIBLIOGRÁFICAS 140
   7. GIRI BALA 140
   REFERÊNCIA BIBLIOGRÁFICA 142
      SITES CONSULTADOS 142

INTRODUÇÃO

Em janeiro de 1989, participei de um trabalho espiritual em Manaus. Éramos um grupo de seis ou sete pessoas e o trabalho foi realizado em três dias consecutivos, durante os quais intensas práticas de Yoga tântrico da linha Dakshina foram realizadas. Essa linha do tantra usa a meditação e os trabalhos com os sete chacras principais. O trabalho foi coordenado por um mestre espiritual muito qualificado.

Creio que na madrugada do segundo dia de trabalhos, acordei por volta das três horas da manhã e vi, nitidamente, uma mulher morena de cabelos negros trajando uma roupa de duas peças: uma saia e um bustiê da cor de açafrão. A mulher era linda! Ela nada falou. Logo após tê-la visto, notei que se tratava da Deusa Kali em uma das suas manifestações. Quando percebi de quem se tratava, senti um medo enorme, um verdadeiro pavor. Ela não veio me ajudar, mas me comunicar sobre acontecimentos terríveis pelos quais eu teria de passar. A imagem durou pouco, talvez alguns segundos. Contudo, foi o suficiente para me encher de pavor. A princípio, não percebi o que ela queria me comunicar. Transcorrida uma semana após a visão, notei que o meu pequeno patrimônio, que consistia em imóveis, estava ameaçado de ruir. Por pouco, não perdi tudo o que havia adquirido em mais de 20 anos de trabalho. O medo persistiu por vários dias, talvez dois meses aproximadamente. Foi uma experiência arrasadora. Ainda hoje, lembro-me perfeitamente daquela visão de extraordinária beleza.

Alguns anos depois, o mesmo diretor espiritual convidou-me, em Curitiba, para participar de outro trabalho espiritual com a Deusa Kali. Eu aceitei com relutância. Éramos um grupo com cerca de 10 pessoas. O único a participar do trabalho com a Grande Deusa Kali fui eu. Foram-me dados mantras para eu cantar e figuras nas quais deveria me concentrar. Nada prosseguiu! Ao pensar no medo que senti em Manaus, desisti do trabalho para desapontamento do orientador espiritual. Ele sentiu-se frustrado com a minha desistência e ficou desapontado comigo.

Nos dias atuais, não desejo retomar nenhum trabalho na linha de Kali. Bastou-me a experiência desastrosa de Manaus. No entanto, sou capaz de perceber a eminente importância da Grande Deusa nos trabalhos espirituais e Ela como o aspecto feminino do Absoluto.

Apesar da minha desistência, ainda sinto grande atração espiritual pelos aspectos femininos da realidade. A Grande Mãe Divina faz parte dessa minha atração. Para prestar a minha obscura homenagem à Grande Deusa, resolvi escrever este livro.

A mulher é a criadora do universo.

O universo é a sua forma;

A mulher é o fundamento do mundo,

ela é a verdadeira forma do corpo.

Qualquer forma que ela assuma,

é a forma superior.

Na mulher está a forma de todas as coisas,

e de tudo que se move sobre o mundo.

Não há joia tão rara quanto uma mulher,

nem há condição superior àquela de uma mulher.

Não há, não houve nem haverá

nenhum destino igual àquele de uma mulher;

não há reino, nem riqueza,

que se compare a uma mulher;

não há, não houve nem haverá

nenhum lugar sagrado que se compare a uma mulher.

Não há prece igual a uma mulher.

Não há, não houve nem haverá

nenhum Yoga comparável a uma mulher,

nenhuma fórmula mística nem ascetismo

que se compare a uma mulher.

*Não há, não houve nem haverá
riqueza mais valiosa que uma mulher.
(Shaktisangama Tantra)*

A INFERIORIZAÇÃO DAS MULHERES

I

> *De você este mundo surgiu, de você nasceu este mundo. Por você ele é protegido, ó Devî. Por você ele é consumido até o fim. Você que é eternamente a forma total do mundo, desde o tempo da criação, você é a forma da força criativa; desde o tempo da preservação você é a forma do poder protetor, desde o tempo da dissolução do mundo, você é a forma do poder destrutivo. Você é a Suprema Sabedoria, assim como a ignorância, o intelecto e a contemplação.*
> (Devî Mahâtmya)

> *Todos os centros de peregrinação existem no corpo de uma mulher.*
> (Purascharanollâsa Tantra)

O mundo ocidental baseia-se ou está apoiado em três colunas principais, que são as seguintes:

a. O monoteísmo judaico-cristão

O Ocidente aceitou a proposta da existência de um Deus único, criador e mantenedor da sua criação. O Deus Iahwé, o Deus do Velho Testamento, não é como um jardineiro que, após criar o seu jardim, volta-lhe as costas e deixa-o seguir seu próprio curso. Não, Iahwé criou e conduz o seu jardim. Ele é o criador e o mantenedor do universo. Nas três religiões do grupo chamado "Monoteísmos Semíticos", que constituem o Judaísmo, o Cristianismo e o Islamismo, há um Deus, Iahwé ou Alá que criou e dirige a sua criação. Essa ideia tornou-se um dos pilares do Ocidente.

b. A organização estatal greco-romana

Foi o imperador Teodósio quem dividiu o Império Romano em "Império Romano do Ocidente" e "Império Romano do Oriente", entregando aos seus filhos, Arcádio e Honório, cada uma dessas partes. A linha de separação entre as duas partes passava, sensivelmente, pela atual Albânia e pelo meio do que é hoje a Líbia. A invasão dos bárbaros destruiu o Império Romano do Ocidente em 476 d.C., o que marcou o fim da antiguidade e o início da Idade Média. Os romanos do Oriente formaram o Império Bizantino, cujo principal imperador foi Justiniano. Este, por sua vez, agrupou e selecionou o que de mais importante havia sobre o Direito, como Constituições e pareceres dos principais jurisconsultos da época, realizando uma compilação nomeada *Corpus Juris Civilis*. Esse documento jurídico é formado pela reunião dos seguintes livros:

- Código Antigo;

- Digesto;

- Institutas;

- Código;

- Novelas.

O *Corpus Juris Civilis* (Corpo de Direito Civil) é uma obra jurídica fundamental, publicada entre 529 e 534 por ordens do imperador bizantino Justiniano I. Em 527 d.C., sobe ao trono, em Constantinopla, Justiniano, que inicia ampla obra militar e legislativa. Assim, todas as pessoas passaram a ter direito a um julgamento. Esse código jurídico serviu de base para os atuais documentos jurídicos vigentes na contemporaneidade. Representou uma conquista social dos romanos.

Além disso, a ideia de que o poder político não é uma determinação divina nasceu na Grécia antiga, com a democracia. Certamente, na antiga Atenas existiam mais escravos que homens livres, embora tenha havido eleições. Uma ideia grega. Essas duas concepções formam um dos pilares do Ocidente.

c. O racionalismo grego

A ideia de buscar uma base material para explicar o mundo, ou seja, a ideia de usar a razão para se chegar a um conhecimento seguro surgiu na Grécia antiga. Foi lá que apareceram os grandes matemáticos alexandrinos, como Arquimedes, Euclides e outros. Eratóstenes mediu a circunferência da Terra bem antes de Copérnico. Ele era bibliotecário-chefe da famosa Biblioteca de Alexandria, e foi lá que encontrou, num velho papiro, indicações de que ao meio-dia de cada 21 de junho na cidade de Assuã (ou Syene, no grego antigo), cerca de 800 km ao sul de Alexandria, uma vareta fincada verticalmente no solo não produzia sombra. Sabendo a distância entre essas duas cidades, calculou com relativa precisão o comprimento da circunferência da Terra. Arquimedes calculou o volume da esfera. Para isso, usou um método que o levou a quase descobrir o Cálculo Diferencial e Integral, bem antes de Isaac Newton e Leibniz. Portanto, os gregos lançaram as bases para a construção da ciência moderna. Esses são os três pilares sobre os quais se apoia o mundo ocidental.

Foi por meio do monoteísmo judaico-cristão que teve início, no Ocidente, a inferiorização das mulheres. Esse fato não ocorreu apenas no Ocidente, mas também em quase todas as culturas, senão em todas. Vejamos alguns desses fatos lamentáveis.

Inferiorização das mulheres no Antigo Testamento

Na Bíblia ou, mais especificamente, no Gênesis, há o conhecido registro de "A Queda do Homem", quando Eva persuadiu Adão a comer o fruto proibido, a maçã. Em outras palavras, foi Eva, uma mulher, quem introduziu o pecado no mundo, em virtude da sua astúcia sexual. Para puni-la por isso, disse Deus à serpente:

> 14: Então o Senhor Deus disse à serpente: Visto que isso fizestes, maldita és entre todos os animais domésticos, e o és entre todos os animais selváticos: Rastejarás sobre o teu ventre e comerás pó todos os dias de tua vida.

> 15: Porei inimizade entre ti e a mulher, entre a tua descendência e o teu descendente. Este te ferirá a cabeça, e tu lhe ferirá o calcanhar.

16: E à mulher disse: Multiplicarei sobremodo os sofrimentos da tua gravidez e darás à luz filhos; o teu desejo será para o teu marido, e ele te governará.

17: E a Adão disse: Visto que atendestes a voz da tua mulher, e comestes da árvore que te ordenara não comesses: maldita é a terra por tua causa; em fadigas obterás dela o sustento durante os dias da tua vida.

18: Ela produzirá também cardos e abrolhos, e tu comerás a erva do campo.

19: E no suor do rosto comerás o teu pão, até que tornes à terra, pois dela fostes formado: porque tu és pó e ao pó tornarás (BÍBLIA SAGRADA, 1960, p. 9).

Inferiorização das mulheres no Islamismo

Embora o Islamismo considere mulheres e homens moralmente iguais perante Alá, as mulheres não tiveram o mesmo acesso a muitas áreas da vida islâmica. Historicamente, as mulheres muçulmanas não foram tratadas como iguais aos homens. Determinados governantes e administradores, assim como a maioria de eruditos legais, impuseram um sistema de desigualdade, que justificaram pelas suas interpretações do Alcorão e das tradições do profeta. No Islamismo, os homens podem ter até quatro esposas, desde que possam mantê-las economicamente. Até pouco tempo atrás, as mulheres não podiam guiar automóveis na Arábia Saudita. As muçulmanas são obrigadas a se vestir com roupas especiais, que cubram a cabeça, os ombros e o pescoço. Em alguns países islâmicos, o homem pode contrair matrimônio temporário. Quanto às mulheres, a poligamia é proibida. O Islã proíbe as mulheres de contrair matrimônio com homens não muçulmanos, embora um homem possa casar com uma não muçulmana. Vejamos alguns versos ou Suras do Alcorão que inferiorizam as mulheres.

A quarta Sura do Alcorão, com 176 versos e revelada em Medina, trata dos direitos e das obrigações das mulheres. O verso 34 é básico sobre o tema aqui abordado:

> Os homens têm autoridade sobre as mulheres pelo que Deus os fez superiores a elas e porque gastam de suas posses para sustentá-las. As boas esposas são obedientes e guardam sua virtude na ausência de seu marido conforme Deus estabeleceu. Aquelas de quem temeis a rebelião, exortai-as, bani-as de vossa cama e batei nelas. Se vos obedecem, não mais as molesteis. Deus é elevado e grande (O ALCORÃO, 2017, p. 83).

Inferiorização das mulheres no Budismo

No Budismo, também podem ser encontrados textos contra as mulheres. A seguir, vou transcrever um trecho budista contra as mulheres:

> Durante algum tempo o Buda não aceitou o ingresso de mulheres na sangha (comunidade budista). Somente após dialogar com Ananda, admitiu a presença da sua tia Prajapati. Porém, ao aceitá-la, Buda impôs duras restrições, como levantar-se na presença dos monges, não criticá-los de qualquer forma e não realizar cerimônias. Ao aceitar as mulheres na sangha, Buda profetizou que o Dharma (verdade espiritual), que seria pregado por mil anos, agora seria por apenas quinhentos anos.
> Há um trecho de um diálogo entre Ananda e o Buda que é o seguinte:
> Ananda: "Como nos devemos conduzir, senhor, em relação às mulheres?"
> Buda: "Como se não as visse, Ananda".
> Ananda: "Mas se as virmos, o que devemos fazer?"
> Buda: "Não falar, Ananda".
> Ananda: "Mas se elas falarem conosco, senhor, o que devemos fazer?"
> Buda: "Mantenha-se bem desperto, Ananda" (TINOCO, 2019, p. 53).

Mesmo o Buda, um ser iluminado, não escapou às injunções do machismo existentes naquela época.

Inferiorização das mulheres no Hinduísmo

Durante alguns séculos, a Índia teve por documento jurídico o chamado *Código de Manu*. Trata-se de um livro ou, mais precisamente, de um Sutra denominado *Manarva Dharma Sastra*, no qual estavam escritas normas de conduta tanto individual quanto social. E, como não poderia deixar de ser, o *Código de Manu* apresenta suas concepções sobre como as mulheres devem ser tratadas. Sobre isso, pode-se ler o seguinte:

> (147): Uma menina, uma jovem mulher, ou igualmente uma mulher idosa não podem fazer qualquer coisa por vontade própria na sua própria casa.
>
> (148): Na sua infância uma mulher deve ser mandada pelos seus pais; na sua juventude, por seu marido e quando seu marido morre, deve ser controlada pelos seus filhos.
>
> (149): Ela não deve ter independência.
>
> [...]
>
> (154): Uma virtuosa esposa deveria constantemente servir seu esposo como se ele fosse um deus, mesmo se ele se comportar mal, satisfizer livremente sua luxúria e fosse desprovido de boas qualidades (DONIGER; SMITH, 1991, p. 115).

Essa relação poderia se alongar tanto quanto fosse possível. Mas isso está fora do escopo deste livro. As mulheres foram e ainda são discriminadas, mesmo na pós-modernidade atual. Hoje em dia, os salários das mulheres são 25% menores em média que os dos homens, mesmo que façam a mesma coisa.

Há indícios arqueológicos da existência de um antigo matriarcado no Paleolítico, como se verifica com a Vênus de Willendorf, evidenciando o culto da Deusa-Mãe.

Figura 1 – Vênus de Willendorf

Fonte: disponível em: www.infoescola.com/wp-content/uploads/2012/12/venus.jpg.
Acesso em: 12 mar. 2020

Essa peça, também conhecida como "Mulher de Willendorf", é uma estatueta de uma mulher, esculpida entre 28000 e 25000 anos a.C., aproximadamente. Possui menos de 12 centímetros de altura. Willendorf é uma localidade situada na Áustria. A pequena estátua foi esculpida em material calcário oolítico não existente no local do achado, sendo colorida com ocre vermelho.

Figura 2 – Foto da "Deusa-Mãe". Miniatura do original de um museu em Ancara, na Turquia

Fonte: foto do autor (2013)

Em um museu em Ancara, encontra-se uma estátua da Deusa-Mãe segurando seu bebê, mostrada na Figura 2. Ao que tudo parece indicar, o culto da Deusa-Mãe era universal.

Este livro é um resumo de algumas referências à Deusa-Mãe em diversos lugares. Também serão apresentadas mulheres de destaque, o que faz desta obra uma coletânea de dados sobre as diversas visões da Grande Deusa.

REFERÊNCIAS BIBLIOGRÁFICAS

BÍBLIA Sagrada: antigo e novo testamento. Tradução: João Ferreira de Almeida. Rio de Janeiro: Sociedade Bíblica do Brasil, 1960.

DONIGER, Wendy; SMITH, Brian K. *The laws of Manu*. Londres: Penguin Books, 1991.

O ALCORÃO: o livro sagrado do Islã. Tradução: Mansour Challita. Rio de Janeiro: Editora BestBolso, 2017.

TINOCO, Carlos Alberto. *Budismo*. Curitiba: Editora Intersaberes, 2019.

MÃES DIVINAS NO BUDISMO

1. KUAN YIN

Kuan Yin é a deusa da compaixão e do amor no Budismo, principalmente na China antes de Mao Tsé-Tung. Ela é considerada um Bodhisattva feminino. Um Bodhisattva é um ser que faz votos de continuar se aperfeiçoando até ser capaz de ajudar incontáveis seres no mesmo processo. Um Bodhisattva deseja intensamente extinguir o sofrimento dos seres. E, por isso, entende-se que um Bodhisattva é um ser em busca do despertar, não apenas para si, mas também para todos os outros. Diz-se que um Bodhisattva é aquele ou aquela que "gerou bodhicitta", que é o desejo espontâneo de atingir o mesmo status de Buda para o benefício de todos os seres sencientes, não somente os seres humanos.

Figura 3 – Kuan Yin, a deusa da compaixão e do amor no Budismo

Fonte: foto do autor

John Blofeld, no seu livro *A deusa da compaixão e do amor*, narra seu encontro com a deusa Kuan Yin na China, enquanto visitava um templo. A seguir, vamos transcrever sua narrativa incrível:

Esta é, em parte, a história de uma busca, de um avanço gradual rumo ao cerne de um enigma. Deparando-me, cerca de quarenta anos atrás, com a encantadora figura de Kuan Yin, por muitos conhecida como a Deusa do Amor chinesa, perguntei-me se ela era inteiramente simbólica ou poderia, em certo sentido, ser considerada *real*. A aventura começou numa noite em que, à luz vacilante das velas votivas, caminhei sozinho pelas trevas até o recesso do templo. Aos trêmulos lampejos, ferindo a escuridão, criavam uma atmosfera de mistério. Enquanto eu permanecia de pé, olhos erguidos para uma majestosa estátua de bronze de Kuan Yin, uma porta como se abriu em minha mente e a deusa – posso jurá-lo! – *designou-se falar comigo*. Imaginação? Pode muito bem ter sido assim, mas em tão românticas circunstâncias, negaria que ela houvesse de fato falado? Desde então fiz-me seu desvelado servidor, o que não significa, entretanto, que eu acreditasse mesmo na deusa. Arrebatado por uma fascinação que nada tinha a ver com a crença ou descrença, fui muito além da aparência que ela reveste para as pessoas simples e pude, ao fim, alcançar uma pálida compreensão do seu significado como um Bodhisattva celeste, espécie de ser insubstancial que encarna um dos mais elevados conceitos do budismo Mahayana. Percebendo-a como algo maior que um mito gracioso, expressão da ânsia dos pobres e solitários por compaixão, tantas razões eu tinha para amá-la; todavia, essa nova visão era até certo ponto desfigurada pelos poderes miraculosos que os sutras lhe atribuem [...] Esta era, claro, apenas uma visão pessoal [...] *Ela é Real* (BLOFELD, 1991, p. 15-16, grifos do autor).

Kuan Yin é uma deusa venerada em quase todo o Oriente. Conhecida como a Deusa da Compaixão, teve seu culto iniciado na China, há milênios. A principal força arquetípica que ela representa é a da Grande Mãe, por ser a protetora das mulheres grávidas e das crianças. Kuan Yin é conhecida por ter várias facetas. Ela carrega diversos objetos nos seus mil braços, tais como punhais, flores de lótus, espelhos, rodas, ramos de salgueiro, vasos e muitos outros. Kuan Yin também é conhecida como *"Aquela que escuta as lamúrias das dores do mundo"*. Em muitas das representações artísticas de Kuan Yin, ela é vista com um pequeno vaso na mão esquerda e uma espécie de terço na mão direita. Ela é representada em postura sentada com as pernas cruzadas. Usa uma espécie de chapéu que lhe cobre parcialmente a cabeça. Algumas tradições dizem que com esse vaso ela recolhe as lágrimas da humanidade.

Bastante presente na cultura oriental, Kuan Yin tem despertado interesse em muitas pessoas que buscam um caminho espiritual, um ensinamento. Um número crescente de devotos ocidentais reconhece a poderosa presença da "Deusa da Misericórdia", junto à da Virgem Maria.

2. TARA

No Budismo tibetano, Tara é a personificação feminina de Buda.

Figura 4 – Deusa Tara

Fonte: foto do autor

No mito tibetano, uma princesa chamada Yeshe Dawa (Lua da Sabedoria Primordial), seguidora de um Buda, atingiu um nível altíssimo de consciência e, a partir desse momento, tornou-se um Bodhisattva feminino. Durante seus milhões de anos de meditação, Yeshe Dawa ajudou a livrar incontáveis pessoas de seus sofrimentos. A partir do instante em que ela atingiu um estado ainda mais alto da mente, passou a ser conhecida como Tara, a representação feminina de Buda. Ela é representada de diferentes formas, cada uma possui atributos distintos. Como uma mulher que alcançou a iluminação, ela demonstrou que esse elevado estado também pode ser atingido por uma pessoa do sexo feminino.

A vida de Tara pode ser narrada, resumidamente, do seguinte modo: por alcançar elevado estado de consciência búdica, ela apareceu em uma realidade de extrema luminosidade. Yeshe Dawa significa "Lua da Sabedoria". Seus discípulos regozijaram-se da sua imensa bondade. Certo dia, Tara realizou muitas oferendas no seu altar diante do Buda chamado "Tambor Melodioso", gerando em seu coração o desejo compassivo de alcançar o estado de Bodhichitta, ou seja, o desejo de que todos os seres se iluminassem. Ainda segundo a lenda, Tara nasceu das lágrimas de Avalokiteshvara, o Bodhisattva feminino da compaixão. Certa vez, Tara desejou saber quantos seres continuavam em estado de sofrimento e percebeu que eram em número quase infinito. Ao contemplar tamanho sofrimento, ela chorou durante um dia e uma noite lágrimas tão abundantes que uma poça formou-se. Então, todos os Budas emanaram dos seus corações compassivos luzes de sabedoria, das quais apareceu uma flor de lótus no meio da poça de lágrimas. Quando as pétalas do lótus abriram-se, surgiu uma bela mulher que era Avalokiteshvara e ela disse à Tara: "Não chores, eu vou te ajudar". Em seguida, todos os Budas disseram como em uma só voz: "Tú és Arya Tara, a Deusa da Compaixão".

Há uma bela prece dedicada à Tara criada por Dipamkara-bhadra, que transcrevemos a seguir:[4]

---

[4] Disponível em: http://omtaretuttareturesoha.blogspot.com/2008/07/prece-de-arya-tara.html. Acesso em: 13 mar. 2020

HOMENAGEM PARA A VENERÁVEL ARIA-TARA!

1. Mãe de grandes olhos, Protetora dos três mundos!
Mãe que produz todos os Budas dos três tempos!
Embora Você não se mova do estado de Conhecimento não-dual,
Seu poder de Compaixão trabalha de bem diverso para os migradores.
Eu me curvo em homenagem a Você, Ó Mãe bondosa!

2. Seu Corpo verde, Você executa todas as atividades de Buddha.
Como dezesseis anos de idade, madura em qualidades,
Os seres sensíveis alegrando, com a face sorridente,
E olhos calmos. Você olha nos três mundos.
Eu me curvo em homenagem a Você, de Compaixão abundante!

3. Uma lua da natureza da mente Bodhi é aberta como seu assento;
Em posição vajra, imperturbada pelas corrupções,
Você se senta em um assento de loto, todas as ofuscações abandonando,
Atrás tem uma lua cheia de felicidades incontaminadas.
Homenagem para Você de grandes felicidades incontaminadas!

4. Vestida com soberba roupa e numerosas pedras preciosas,
Com mão direita concede o benefício, Você confere siddhis aos praticantes;
Na esquerda, uma utpala sem defeito, sinal de pureza.
Suas duas mãos unidas são o Método e a Sabedoria. Homenagem para Você do Corpo de União, livre dos extremos!

5. Por causa de minha homenagem com o corpo, a fala e mente,
Peço perdão de minhas baixas visões, de minha prática e adoração inferiores, e o dano aos votos controlados por corrupções!
Por favor Você me apoie com Compaixão.

6. Seu Corpo é adornado com Marcas de virtudes infinitas.
Por meu elogio que é um átomo de alegria em Você,
Conceda-me a visão perpétua de Sua face
E o Caminho supremo para renascimentos altos e Liberação,
Mostrando o conselho no Caminho supremo e perfeito!

7. Pense em nós, Ó Mãe de bondade,
Guarde e proteja-nos e à nossa companhia,
Desvie-nos das [ruins] condições desta vida,
Corte a entrada nos reinos de aflição na próxima [vida],
E faça uma mente saudável desenvolver-se em nós!

Tara fez o voto de libertar todos os seres dos oito grandes medos, que são:

a. medo de enchentes;

b. medo do fogo;

c. medo de leões;

d. medo de ladrões;

e. medo de ter visões errôneas;

f. medo de sentir orgulho;

g. medo de sentir ganância;

h. medo de sentir ira.

Os devotos de Tara Vermelha devem realizar rituais em seu louvor no oitavo e no vigésimo terceiro dia do mês lunar, nos quais deve ser realizado o Tsog, que é um modo de se fazer oferendas. Em um pequeno altar de meditação, o devoto deve oferecer à Tara carne, bebidas alcoólicas, luzes, incenso e flores, recitar mantras e encher vasilhas com água. Durante a meditação, deve concentrar-se em Tara e em seu mantra "Om tare tuttare ture soha". Pessoas podem ser convidadas para participarem do Tsog. Os interessados devem procurar ler o interessantíssimo livro escrito pela esposa de Chagdud Tulku Rinpoche, Chagdud Khadro, intitulado *Comentários sobre Tara Vermelha* (ver KHADRO, 2002).

Tara pode-se apresentar sob diferentes formas. As suas seis principais são as seguintes:

a. Tara Verde, conhecida por atingir a iluminação;

b. Tara Branca, conhecida por sua compaixão e poder de cura;

c. Tara Vermelha, conhecida por seu poder de atração e concretização material;

d. Tara Negra, conhecida por sua força e coragem;

e. Tara Amarela, conhecida pela riqueza e pela prosperidade;

f. Tara Azul, conhecida pelo poder de transmutar a raiva.

Tara geralmente é representada estando sentada sobre uma flor de lótus. A flor de lótus, no Oriente, é um símbolo de purificação da mente e do espírito. É uma flor que nasce do lodo, emergindo como uma linda flor. Sua leveza faz com que ela repouse suavemente e se mantenha sobre qualquer superfície.

Com a expansão das culturas na Ásia, muitas vezes as imagens de Tara e da deusa Kuan Yin fundiram-se, sendo retratadas como uma só deusa. Porém, o mito de cada uma é diferente e a simbologia também. O equilíbrio e o poder de cura de Tara são suas características mais marcantes.

A melhor forma de invocar Tara é por meio da atividade que a deusa exerce até hoje em seu plano, a meditação. Procure estar em um ambiente tranquilo, sem muitos barulhos e de preferência em meio à natureza. Você pode também se concentrar, indicando com qual manifestação de Tara deseja se conectar. Por exemplo, para atrair mais prosperidade e trabalhos produtivos para sua vida, concentre-se na Tara Amarela. Para buscar a cura espiritual, concentre-se na Tara Branca e assim por diante.

Os tibetanos acreditam que a deusa Tara tem o poder de curar todas as tristezas e realizar todos os desejos. Tara é venerada como a protetora contra os muitos medos que bloqueiam homens e mulheres de viverem em paz e em harmonia.

Tara também é conhecida na filosofia budista tibetana como a Grande Deusa Bondosa, a Salvadora, "senhora dos barcos", "salvadora dos náufragos do mundo", levando seus devotos do oceano do *samsara* para a "outra margem", que é o *nirvana*. É considerada veloz, por sua atitude rápida em ajudar os seres mediante sua grande compaixão. Ela é a divindade nacional do Tibete, a grande mãe da compaixão, o aspecto feminino de Buda.

Há séculos, os budistas tibetanos cantam louvores às 21 Taras, manifestações femininas da iluminação, que são aspectos da Salvadora que Atende Rapidamente a Pedidos e Súplicas dos seus devotos.

Khadro Ling é um templo budista da linha Vajrayana que se localiza no topo de uma montanha na cidade de Três Coroas, no estado do Rio Grande do Sul, e foi fundado pelo mestre tibetano Chagdud Tulku Rinpoche, em 1995. O templo é composto por uma comunidade de moradores responsáveis pela manutenção local e pelas atividades; também agrega trabalhadores voluntários. Como nas tradições tibetanas, a comunidade destaca-se por ser leiga, portanto, as pessoas envolvidas podem constituir famílias, casar e manter relações sociais com a comunidade local.

Figura 5 – Chagdud Tulku Rinpoche

Fonte: foto do autor

No terreno, encontra-se "O Jardim de Tara". Sua construção desenvolveu-se a partir de práticas de meditação em Tara Vermelha e da recitação de louvores às 21 Taras, atividade que se repete diariamente pelos residentes.

Figura 6 – Khadro Ling

Fonte: disponível em: secure.flickr.com/photos/chagdudgonpa/sets/. Acesso em: 12 mar. 2020

Figura 7 – Templo Chagdud Gonpa Khadro Ling

Fonte: disponível em: viagemeturismo.abril.com.br/atracao/centro-budista-chagdud-gonpa-brasiltemplo. Acesso em: 12 mar. 2020

A Tara Vermelha, que em tibetano chama-se Rigdjed Lamo, evoca nosso estado desperto natural denominado Rigpa. Ela tornou-se conhecida no Brasil por influência de Chagdud Tulku Rinpoche. O culto de Tara, no Tibete, espalhou-se sob influência do ardoroso devoto indiano Atisha, que chegou ao país em 1042. Dentre as práticas de Tara Vermelha, podem-se destacar um ciclo extenso de yoga dos sonhos, práticas curativas, yoga dos canais sutis e energias, conhecidos no tantrismo por Nadis ou tsa lung, em tibetano.

Figura 8 – Nadis e chacras

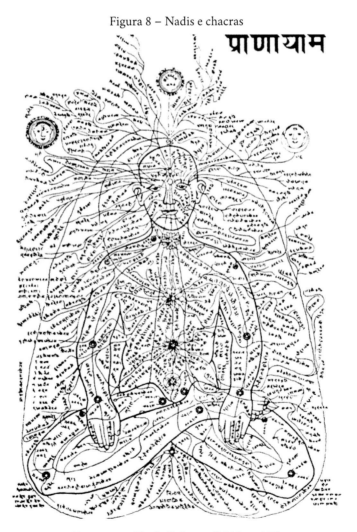

Fonte: extraída de Kalyama (2003, p. 195)

3. DAKINIS

Segundo Helena Petrovna Blavatsky, no seu *Glossário teosófico*: "As Dakinis são uma espécie de demônios-fêmeas, vampiras e tomadoras de sangue (azra-pas). Nos *Puranas*, estão a serviço da deusa Kali e se alimentam de carne humana. Uma espécie de 'elementais' malignos" (BLAVATSKY, 1995, p. 131).

O emblema principal do feminino no Budismo tibetano é a Dakini, uma mulher espiritual que se manifesta, principalmente, em visões, sonhos e experiências de meditação.

No entanto, há outras interpretações sobre quem sejam as Dakinis. Evans-Wentz dá outra interpretação sobre elas, chamando-as de "Divinas". Na sua biografia de Milarepa, Evans-Wentz trata as Dakinis como "Divinas" em um poema fúnebre dedicado ao mestre espiritual Jetsun-Mila-Zhadpa-Dorje ou Milarepa, no dia da sua cremação:

> As quatro ordens das Dakinis estão cantando,
> E a ordem mais alta das Dakinis faz a sua oferenda;
> Que rito celebrais hoje então?
>
> Dos hinos cantados pelas divinas Dakinis
> Uma dádiva virá; observai-as com humildade e fé
> Os descendentes espirituais de Milarepa
> Produzirão muitos santos yogues, ó vós de elevado destino.
>
> Terá o meu guru morrido? Quando esse pensamento lhe atravessou a mente, um sentimento de profunda fé nele surgiu, de modo que orou; e, dominado por um indomável desejo, decidiu-se a encontrar imediatamente Jetsun, embora aquele não fosse o momento preciso que Jetsun havia indicado. Então, duas Dakinis lhe apareceram nos céus, e disseram [...] (EVANS-WENTZ, 1987, p. 210-211).

Portanto, no Budismo tibetano, as Dakinis são deusas benévolas na maioria das vezes, não demônios que comem carne humana, como disse Helena Petrovna Blavatsky.

No Hinduísmo, as Dakinis têm, muitas vezes, associações negativas. Elas são as guardiãs dos mistérios mais profundos do ser, e é por meio delas que os segredos da transformação interior são revelados.

Figura 9 – Templo Ranipur-Jharial em Orissa, Índia, que abriga as esculturas de pedra de 64 Dakinis

Fonte: disponível em: com/search?q=templo+de+Ranipur-Jharial+em+Orissa+, +Índia&tbm=isc. Acesso em:12 mar. 2020

Nas tradições hindus e budistas, existe um tipo de Dakini denominada Apsara. As Apsaras, também chamadas Vidhyadaris, são seres das esferas celestiais. Sempre belas, elegantes e sensuais, são esposas dos Gandharvas (músicos celestes) e exímias dançarinas da música tocada pelos seus maridos; vivem na corte celestial de Indra, o rei dos devas. Em alguns templos hinduístas, a sensualidade é muito presente e nada expressa esse princípio melhor que as Apsaras, que enfeitam os referidos templos.

Figura 10 – Apsara

Fonte: disponível em: http://sanathanadharmahinduismo.blogspot.com/2010/05/as-apsaras.html. Acesso em: 12 mar. 2020.

Há outros tipos de Dakinis, as Yakshinis. São semideusas semelhantes às Apsaras. Protetoras dos bens da natureza, por exemplo, montanhas, animais, bosques etc. Estão associadas à fertilidade e aparecem algumas vezes como árvores. São deusas de boa índole.

Figura 12 – Bela estátua de uma Yakshini

Fonte: disponível em: https://br.pinterest.com/sashalewicki/yakshiniyakshi/. Acesso em: 12 mar. 2020

Na anatomia esotérica do yoga, cada chacra possui uma Dakini que o preside, de acordo com o esquema a seguir (WOODROFFE, 1979, p. 111):

- Chacra Muladhara: Dakini;

- Chacra Swadhistana: Shakti Rakini;

- Chacra Manipura: Lakini;

- Chacra Anahata: Shakti Kakini;

- Chacra Vishuddha: Shakini;

- Chacra Ajna: Shakti Hakini;

- Chacra Sahasrara: não possui Dakini associada.

Figura 13 – Representação dos sete chacras principais

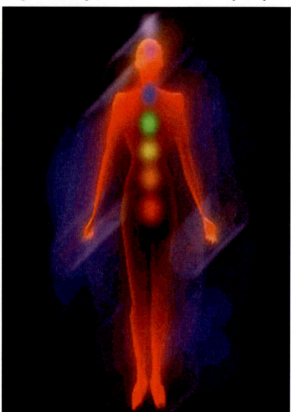

Fonte: imagem do autor

REFERÊNCIAS BIBLIOGRÁFICAS

BLAVATSKY, Helena Petrovna. *Glossário teosófico*. São Paulo: Ground Editora, 1995.

BLOFELD, John. *A deusa da compaixão e do amor*. São Paulo: Editora Ibrasa, 1991.

JOHARI, Harish. *Chakras*: centros energéticos de transformação. Rio de Janeiro: Editora Bertrand do Brasil, 1990.

KALYAMA, Acharya. *Yoga*: repensando a tradição. São Paulo: Editora Ibrasa, 2003.

KHADRO, Chagdug. *Comentário sobre Tara Vermelha*. Três Coroas: Rigodzim Editora, 2002.

RIMPOCHE, Tenzin Wangyal. *Os yogas tibetanos dos sonhos e do sono*. São Paulo: Devir Livraria, 2010.

WENTZ-EVAN, Walter Y. *Milarepa*: história de um yogue tibetano. São Paulo: Editora Pensamento, 1987.

WOODROFFE, Sir John (Arthur Avalon). *El poder serpentino*. Buenos Aires: Editorial Kier, 1979.

SITES CONSULTADOS

Disponível em: http://yotu.be/7q4H2J-Gr4. Acesso em: 12 mar. 2020

Disponível em: http://yiutu.be/j93W4HMuRV4. Acesso em: 12 mar. 2020

Disponível em: http://www.facebook.com/MandaladeTaraCuritiba/. Acesso em: 12 mar. 2020

Disponível em: http://chagdug.com.br/o-jardim-das-21-taras/. Acesso em: 12 mar. 2020

III

MÃES DIVINAS NO HINDUÍSMO

1. MAHA LAKSHIMI NARASIMHA

Figura 14 – Deusa Maha Lakshimi Narasimha

Fonte: foto do autor

O deus Vishnu da literatura vaishnava é o Senhor Supremo que mora no paraíso transcendente chamado Vaikunta, situado na parte superior do ovo cósmico, para o qual vão os seus devotos após a libertação espiritual. Vishnu é casado com Lakshmi e Shri, que são um só ser divino, embora, originalmente, fossem duas pessoas distintas. Ambas aparecem no Hinduísmo mais recente. Vishnu também é mostrado montando o seu veículo, a águia Garuda, acompanhado ou não por Lakshmi.

Figura 15 – Vishnu e Garuda

Fonte: disponível em: https://www.gratispng.com/png-g1up40/. Acesso em: 12 mar. 2020

Na literatura tântrica, os diálogos mais conhecidos passam-se entre o deus Shiva e uma das deusas, como Parvati, Shakti ou Uma, nos quais uma delas faz perguntas a Shiva, seu mestre. Sobre isso, é interessante ler o livro *Siva Samhitā*, publicado pela Madras Editora (TINOCO, 2009). Nos textos tântricos vaishnavas, os diálogos ocorrem entre o Ser Supremo, Vishnu ou Bhagavan, e uma das deusas, Lakshmi ou Shri.

Na Índia, a principal designação para a deusa é "Mãe" ou "Mâ". É frequente nesse país afixar nas paredes das escolas uma imagem das deusas, como Lakshmi ou Shri.

A deusa Lakshmi é venerada por culto independente, desenvolvido desde a época das epopeias conhecidas por *Puranas*. Essa poderosa deusa está associada às finanças e à boa sorte. Ela é representada na postura sentada ou de pé, sobre uma flor de lótus, estando ladeada por dois elefantes, os quais jogam sobre ela esguichos d'agua. Ela segura flores de lótus em dois dos seus quatro braços (que significa poder) e, também, segura um cântaro, do qual jorram moedas de ouro. Atribui-se à Lakshmi o símbolo da cruz suástica virada para a direita.

Figura 16 – Símbolo da deusa Lakshmi (Maha Lakshmi)

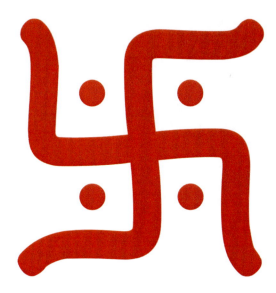

Fonte: foto do autor

É interessante observar que tanto Lakshmi quanto a deusa Durga (sobre a qual falaremos depois) estão associadas ao poder real, ao poder dos políticos e dos antigos monarcas.

A maioria da população da Índia hoje (2020), estimada em um bilhão e quatrocentos milhões de pessoas, mora no interior do país, em aldeias, apesar da crescente urbanização. Ali, existem as deusas locais, as "Mãezinhas", como é o caso da deusa Manasā, adorada principalmente no Norte e no Leste daquele país.

A tradição Shri Vidya tem, por objetivo maior, a adoração da deusa Lalita Tripurasundarî ou abreviadamente Tripurasundari, palavra que significa "A Linda Deusa das Três Cidades" ou "Aquela que é Bela nos Três Mundos". Tripurasundari é a forma tântrica de Lakshmi, personificada por um desenho sagrado constituído por nove triângulos equiláteros que se interceptam. Essa figura é denominada Shri Yantra ou Shrichakra.

Figura 17 – Yantra

Fonte: foto do autor

Na Índia, há um poema muito popular chamado "Saundararya Lahari", cuja autoria é atribuída a Adi Shankaracharya (Shankara), a maior expressão da escola Advaita Vedanta. Há ainda outro poema, o "Lalitasahasranâma" (Os mil nomes de Lalita), também atribuído a Shankara. Ambos são louvores à deusa Tripurasundari, que é uma manifestação de Maha Lakshmi ou simplesmente Lakshmi. Os interessados devem ler o livro *Saundarya Lahari of Sri Sankaracarya: inundation of divine splendor*, traduzido do sânscrito por Swami Tapasyananda (2003)

Na tradição Shri Vidya, a deusa é a Realidade Suprema, sendo um poder impessoal. Flood (2014, p. 250-251) faz uma apropriada distinção entre as divindades "furiosas" e as divindades "pacíficas". As furiosas são associadas à paixão, às doenças febris (catapora, sarampo) e às camadas sociais inferiores. Por outro lado, as pacíficas são vinculadas ao refreamento dos desejos e das paixões, à pureza ritual e às camadas sociais superiores. A Deusa Suprema, que se manifesta como Lakshmi, Kali, Lalita etc., compartilha os dois aspectos, o furioso e o pacífico. As deusas furiosas aceitam oferendas de carne, álcool e sangue, por exemplo, de galinhas, cabras e até búfalos. As pacíficas aceitam apenas oferendas vegetarianas. Neste último aspecto, enquadra-se a deusa Tripurasundari e Lakshmi.

Vale destacar a influência da deusa Maha Lakshmi (Maha Lakshmi Narasimha) na vida do genial matemático indiano Srinivasa Ramanujan. Sem nenhuma formação acadêmica, ele fez valiosas contribuições à Matemática nas áreas de análise matemática, teoria dos números, frações contínuas, séries infinitas e outros temas considerados sem solução. Nasceu em 22 de dezembro de 1887 e faleceu em 26 de abril de 1920, aos 32 anos de idade. Seus cadernos de anotações foram enviados à Universidade de Cambridge, que o convidou para ali fazer estágio, onde se sagrou como membro da Royal Society. Suas equações surgiam prontas em sua mente. Indagado sobre qual seria a fonte dessas fórmulas, Ramanujan respondeu que era a deusa Maha Lakshmi Narasimha quem lhe "ditava" as suas equações. Os interessados nas relações entre a deusa Maha Lakshmi Narasimha e Ramanujan devem ver o filme *O homem que viu o infinito* ou ler o livro de Rao (2004), intitulado *Srinivasa Ramanujan: a mathematical genius*.

"Om Srim, Hirim Maha Lakshmi Namahâ!"

REFERÊNCIAS BIBLIOGRÁFICAS

FLOOD, Gavin. *The cultural heritage of India*. Calcutá: The Ramakrishna Mission Institute of Culture, 2001. 6 v.

FLOOD, Gavin. *Uma introdução ao hinduísmo*. Juiz de Fora: Editora UFJF, 2014.

LABBE, Yvon. *Un rituel des devoirs de la Désse Lalita*: la petit puja de la tradition Kaula. 2002. Dissertação (Mestrado em Artes) – Faculdade de Teologia e Ciências Religiosas, Universidade de Laval, Quebec, 2002.

RAO, K. Srinivasa. *Srinivasa Ramanujan*: a mathematical genius. Madras: East West Books, 2004.

TAPASYANANDA, Swami. *Saundarya Lahari of Sri Sankaracarya: inundation of divine splendor*. Chennai: Sri Ramakrishna Math, 2003.

TINOCO, Carlos Alberto. *Siva Samhitā*. São Paulo: Madras Editora, 2009.

2. KALI

A deusa Kali é a melhor representante da "Energia Primordial do Universo". Ela é um poderoso símbolo da unidade transcendental, sendo objeto de fervorosa devoção em todas as expressões tântricas de adoração.

Suas primeiras referências escritas ocorreram por volta do século IV d.C., no texto intitulado *Devī Māhātmya*. Nesse texto, está dito que ela foi emanada da testa da deusa Durga, durante uma das batalhas travadas entre as forças divinas e as forças da obscuridade. Nesse contexto, Kali é considerada uma manifestação poderosa da Grande Deusa Durga.

Figura 18 – Estátua de Kali em bronze

Fonte: foto do autor

Devī Māhātmya (Glória da Deusa Suprema) é uma parte de *Markandeya Purana*. Kali é denominada Mâhâ Kali. Esse *Purana* data do século V ou VII d.C. Ela é apresentada como sendo dotada de uma força avassaladora, capacitada para superar todos os obstáculos. É rápida em suas ações, capaz de golpes certeiros, ataques frontais, carregando tudo à sua frente. Ela é inspiradora, determinada e implacável, apta a destruir todo o mal. Desde que apareceu como Deusa Primordial (Shakti), apresenta-se como uma mulher terrível, preenchendo toda a abóbada celeste com seu rugido.

É importante destacar que existe apenas uma Grande Deusa, que assume ora formas assustadoras, ora formas benévolas (ver FLOOD, 2014).

Ela é representada em pinturas e estátuas como uma mulher de dois, quatro, seis ou oito braços. Em uma das suas mãos esquerdas, segura uma cabeça humana decepada, o que indica a aniquilação do ego. Na outra mão esquerda, ela segura uma tigela, na qual goteja o sangue da cabeça decepada. Em uma das mãos direitas, carrega uma espada, significando a exterminação da escravidão espiritual, a ilusão de *Māyā*. Na outra mão direita, convida à vida espiritual virtuosa e honesta, fazendo um gesto ou mudrā. Sob essa forma é a imutável deusa, ilimitada, dotada de poderes sem limites. É sempre representada por uma mulher negra ou de pele escura, mostrando a língua, seminua, com os cabelos desgrenhados, e usa serpentes como braceletes. Possui unhas grandes, sangue nos lábios e três olhos, um deles está no centro da sua testa. Usa um colar formado por 50 crânios humanos, representando as 50 letras do alfabeto sânscrito, uma referência à sabedoria contida nas escrituras da Índia redigidas nesse idioma. Ela também representa o drama universal da destruição, em que desperta o passivo Shiva situado a seus pés. A serpente naja representa a energia Kundalinî. Em síntese, uma mulher horrível!

Kali como a Deusa Negra é cultuada e adorada nos rituais de cremação que podem ser observados nas escadarias (*ghats*) da cidade de Varanasi, às margens do rio Ganges.

Figura 19 – Escadarias (*ghats*) na cidade de Varanasi, às margens do rio Ganges, mostrando cremações

Fonte: disponível em: atlasobscura.com. Acesso em: 13 jun. 2020

Nessas ocasiões, ela faz sua morada naquele local para receber a alma dos que procuram nela encontrar a paz. Seu mundo é todo o universo, um eterno fluxo de mudanças, no qual todas as coisas surgem e desaparecem, um fluxo de nascimentos e mortes sem fim.

Em *Saundarya Lahari*, sobre o qual já falamos, há um trecho que vamos transcrever a seguir dedicado à Grande Deusa (TAPASYANANDA, 2003, p. 55):

> 12. Ó Deusa das montanhas nevadas! O maior dos poetas como Brahma, ao tentar retratar assertivamente a Tua beleza, falha em encontrar outro objeto para descrevê-la através de comparação. Pois, mesmo as donzelas celestes alcançam, por seu desejo de experimentar Tua beleza, apenas uma identificação imaginativa com o Estado de Unidade com Shiva, que é difícil de obter com severas austeridades.

Alguns estudiosos do tantra pensam que Kali não é uma deusa de origem ariana. Ela seria oriunda da civilização do vale do rio Indo. Os nomes Kali, Durga, Lalita etc. começaram a aparecer na literatura do tantrismo depois do ano de 400 d.C.

Há 18 grandes *Puranas* e, dentre eles, vamos destacar o *Kalikâ Purana*, que apresenta uma "biografia" resumida da Grande Deusa. A palavra *Purana* significa "Antiguidade", "Conto Mitológico" etc. Neles encontram-se a história de dinastias e a genealogia de deuses e deusas do panteão hindu, tendo alguns pretensões históricas. A história de Kali contida no *Kalikâ Purana* é a seguinte: sabe-se que os principais deuses do Hinduísmo são Brahma, o criador; Vishnu, o preservador; e Shiva, o destruidor. Shiva estava meditando há milhares de anos e, com isso, o mundo ficou parado, pois não havia renovação. Para dar ao mundo movimento e renovação, Brahma convocou Kama, o deus do amor e do desejo, para incitar Shiva a deter sua profunda meditação. Para tanto, pediu a Kama que atirasse em Shiva um dos seus dardos do amor, da paixão. Para provocar o desejo do deus destruidor, Brahma fez surgir aos olhos de Shiva a Grande Deusa, por quem se apaixonou loucamente. Com isso, o mundo voltou à sua marcha. Foi a Grande Deusa a responsável pelo retorno do mundo ao seu fluxo.

Figura 20 – Mandala de Kali

Fonte: foto do autor

Figura 21 – Porta do Templo dedicado à Deusa Kali, em Dakshineswar, Índia

Fonte: foto do autor, jan./fev. 1986

Figura 22 – Templo de Kali em Dakshineswar

Fonte: disponível em: https://br.freepik.com/fotos-premium/templo-de-dakshineswar-
-kali_4715460.htm. Acesso em:13 mar. 2020

REFERÊNCIAS BIBLIOGRÁFICAS

FLOOD, Gavin. *Uma introdução ao hinduísmo*. Juiz de Fora: Editora UFJF, 2014.

KINSLEY, David. *Hindu goddesses in the hindu religious tradition*. Delhi: Motilal Banarsidass, 1985. p. 116-122.

MOKERJEE, Ajit. *Kali*: the feminine force. Vermont: Destiny Books, 1988.

PARGITER, F. Eden. *Markandeya Purana*: Devî Mâhâtmya. Delhi: Parimal Publication, 2004. p. 359-406.

TAPASYANANDA, Swami. *Saundarya Lahari of Sri Sankaracarya: inundation of divine splendor*. Chennai: Sri Ramakrishna Math, 2003.

ZIMMER, Heinrich. *A conquista psicológica do mal*. São Paulo: Editora Palas Athena, 1988. p. 163-202.

ZIMMER, Heinrich. *Filosofias da Índia*. São Paulo: Editora Palas Athena, 2003. p. 400-411.

3. DURGA

Puranas e textos tântricos são as melhores fontes de informação sobre a Grande Deusa e as deidades femininas menores. Os estudiosos dessas escrituras pensam que a Deusa Suprema é Durga, deusa guerreira que matou o demônio-búfalo Mahisa. Essa história mítica é o ponto central do culto à Grande Deusa, sendo também uma referência da sua representação sob a forma de gravuras, estátuas etc.

Figura 23 – Estátua de pedra de esteatita da deusa Durga

Fonte: foto do autor

Ela também é denominada "Mahisamardinî", palavra que significa "Assassina do Demônio- Búfalo". Esse mito pode ser encontrado em *Markandeya Purana*, na parte denominada *Devî Mâhâtmya* (ver PARGITER, 2004). Um resumo dessa narrativa será apresentado a seguir.

O demônio-búfalo Mahisa Asura ou simplesmente Mahisa fez um pedido ao deus Brahma para que nunca morresse assassinado por nenhum ser humano do sexo masculino. Convencido de que era um ser invencível, o demônio-búfalo conseguiu dominar toda a Terra. Não satisfeito, lançou-se à conquista dos céus e, assim, enviou um pedido final ao rei dos deuses, Indra. Desprezando aquele ultimato, ambos travam uma guerra violenta na qual Indra é derrotado. Acabrunhado pela fragorosa derrota, Indra procura o apoio dos deuses da trimúrti, Brahma, Vishnu e Shiva, obtendo a adesão deles.

Pouco depois, esse apoio configura-se pelo aparecimento de uma bela mulher: a Grande Deusa. Os três deuses lhe oferecem armas, pedindo-lhe que atacasse Mahisa. A Grande Deusa ganha o apoio de Himavat, o deus da montanha, que lhe dá de presente um poderoso leão (ou tigre). Shiva lhe presenteia com seu tridente; Viṣṇu com seu disco (*chakra*); e Brahma com seu colar e o licor da imortalidade. Recebe também o apoio de Kubera, deus da prosperidade, que mora nas montanhas do Norte da Índia, os montes Himalaias, que lhe dá uma taça de vinho. Com esse apoio e sentindo-se segura, a Grande Deusa ri, com uma gargalhada assustadora, e assim, os devas unidos emitiram um grito de vitória. Ao escutá-los, o demônio-búfalo manda seus exércitos para investigar o que se passava e, ao voltarem, narram para seu chefe os temíveis atributos da Grande Deusa, dizendo-lhe que se tratava de uma linda mulher solteira, cheia de bravura. Impressionado com o que ouviu dos seus aliados, o demônio-búfalo decide pedi-la em matrimônio, mas o pedido é recusado. Mahisa e seus companheiros tomaram a decisão de enfrentar a Deusa, que surgiu montada no leão. Disfarçado sob a forma de um belo jovem, o demônio vai ao encontro da Deusa, pedindo-lhe em casamento. Mais uma vez, o convite é recusado impiedosamente sob o pretexto de que a tarefa da Deusa era a proteção dos justos. Disse-lhe ainda que ela tinha dois caminhos a serem seguidos: enfrentá-lo em guerra aberta ou ir para o inferno. Em seguida, Mahisa lança diversos ataques contra a Grande Deusa. Montada em seu leão, a Grande Deusa persegue o demônio-búfalo, dessa vez transformado na forma humana pelos seus próprios poderes. Sob o efeito do vinho que bebera, a Deusa consegue finalmente destruí-lo, perfurando-o com seu tridente, cortando-lhe a cabeça. Os aliados do demônio fogem para os infernos. A Grande Deusa é aclamada pelos seus aliados, prometendo-lhes apoio, caso dele necessitem. A Grande Deusa vitoriosa dessa história é Durga.

Outro nome da Grande Deusa é Devî. Também é chamada de "Mâ" (Mãe) e de outros nomes, citados a seguir:

a. Kali, a terrível mulher da qual nós já falamos.

b. Lakshmi, sobre quem falamos anteriormente.

c. Sarasvatî, esposa de Brahma.

d. Parvati, uma das esposas de Shiva.

e. Durga.

f. Radha, esposa de Krishna, citada no *Bhagavata Purana* (*Srimad Bhagavatam*).

g. Sîtâ, esposa de Rama, imortalizada no *Ramayana*.

h. Shitalâ, que prepondera no Norte da Índia.

i. Mâriyaman, que predomina no Sul da Índia.

j. Gânga, representada pelo rio Ganges.

Nos hinos dos *Vedas*, as deusas possuem posições inferiores às de deidades masculinas. Nesses hinos, não há registros de cultos a uma Grande Deusa.

REFERÊNCIAS BIBLIOGRÁFICAS

FLOOD, Gavin. *Uma introdução ao hinduísmo*. Juiz de Fora: Editora UFJF, 2014.

GLASENAPP, Helmuth von. *La filosofía de los hindues*. Barcelona: Barrel Editores, 1997.

KINSLEY, David. *Hindu goddesses in the hindu religious tradition*. Delhi: Motilal Banarsidass, 1985.

MAHADEVAN, T. M. P. *Invitación a la filosofía de la India*. México: Fondo de Cultura Económica, 1991.

PARGITER, F. Eden. *Markandeya Purana*: Devî Mâhâtmya. Delhi: Parimal Publication, 2004. p. 359-406.

TOLA, Fernando; DRAGONETTI, Carmen. *Filosofia de la India*. Barcelona: Editorial Kairós, 2008.

ZIMMER, Heinrich. *Mitos e símbolos na arte e civilização da Índia*. São Paulo: Editora Palas Athena, 1989.

IV

MÃES DIVINAS NO NORTE DA EUROPA

1. INTRODUÇÃO AOS MITOS DO NORTE DA EUROPA

Os mitos nórdicos formam uma das mais vastas mitologias do mundo. Sua popularidade não decaiu ao longo dos séculos, incluindo-se o século XXI. As proezas e as façanhas de deuses, como Odin e Thor, ou de deusas, como Freya, Frigg e Asynjur, prosseguem exercendo verdadeiro fascínio nas populações daquela região da Europa, inspirando a literatura e as artes de modo geral. Os primeiros registros escritos dessa mitologia tiveram início na Era dos Vikings, em torno de 850 d.C. "Era Viking" é o nome que se dá ao período de quase três séculos da história da Escandinávia, aproximadamente entre os anos 800 e 1050, durante o qual os vikings tiveram um papel preponderante. Esse aparecimento coincidiu com uma era de muitas mudanças e transformações naquelas sociedades. Foi nesse período que apareceram os Estados-Nação, como a Dinamarca e a Noruega, assim como as migrações para além-mar. Essas migrações constituíram os deslocamentos de muitos seres humanos, com o objetivo de colonizarem outras terras além daquelas de origem, principalmente as que eram banhadas pelo Mar do Norte. Esses deslocamentos populacionais possibilitaram o contato com a Irlanda e a Rússia. Entretanto, a mais importante mudança foi de caráter religioso, principalmente na chamada "Era Viking Tardia". Foi nessa era que houve largas conversões ao Cristianismo. Essas conversões não significaram o fim das mitologias autóctones ou pagãs, apesar das tentativas em contrário.

Vale ressaltar a importância da manutenção desses mitos autóctones para a conservação e a integridade das nações do Norte da Europa.

A seguir, veremos algumas grandes mães, deusas da mitologia do Norte da Europa.

2. AS VALQUÍRIAS

> *As runas da vitória você deve conhecer se quiser vencer, devendo gravá-las sobre o cabo, na bainha e na empunhadura da espada, entremeadas nas incrustações e entoadas nas invocações*
>
> (Verso da Edda sobre as Valquírias)

Valquírias ou Valkírias são palavras que significam "Aquelas que Escolhem os Mortos" na mitologia nórdica. Elas são deidades femininas de menor importância e que estavam sob o comando do deus Odin ou sob as ordens da deusa Freya. O objetivo dessas deusas ou Valquírias era recolher a alma dos guerreiros mortos nos campos de batalha, para conduzi-las ao "Salão dos Mortos" denominado Valhala, regido por Odin. Esse recolhimento das almas estendia-se à metade dos que morriam em combate, a outra metade seguia para o campo de Freya, na vida após a morte. A palavra Valquíria tem origem em "Valkyjur", que é uma palavra composta pela junção de Valr (que se refere aos mortos em batalha) e o verbo Kjósa, que significa "escolher". As duas palavras reunidas significam "escolher os mortos".

Os povos do Norte da Europa tinham um oráculo chamado "runas". Mágicas e proféticas, as runas fazem parte da tradição cultural dos vikings. Segundo o mito, essas pequenas peças foram encontradas pelo deus Odin, que as divulgou entre seu povo como símbolos de sabedoria e do conhecimento de todos os mistérios dos deuses e dos homens. As runas são letras usadas para escrever nas línguas germânicas da Europa do Norte, principalmente nas ilhas Britânicas e na Alemanha, região que os povos germânicos habitam desde o século I. Esses caracteres são encontrados normalmente em pedras rúnicas e também em ossos, peças de madeira, pergaminhos e placas metálicas.

Figura 24 – Letras rúnicas

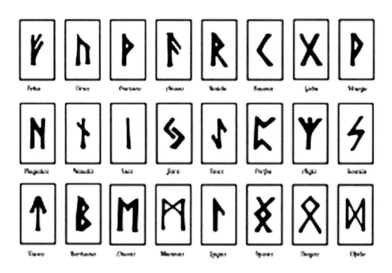

Fonte: disponível em: https://www.somostodosum.com.br/testes/runas.asp. Acesso em:13 mar. 2020

As Valquírias são citadas em várias fontes mitológicas da região da Escandinávia na Idade Média, em especial na *Edda*, um texto compilado no século XIII que é uma saga da Islândia. A *Edda* é uma das principais fontes de informação sobre a mitologia do Norte da Europa. Existe uma versão em versos e outra em prosa. A *Edda* em verso é uma coletânea de poemas escritos em nórdico antigo, preservada inicialmente no manuscrito medieval islandês *Codex Regius*, do século XIII. A obra é composta por 11 poemas mitológicos e 19 poemas de heróis nórdicos e germânicos. Junto à *Edda* em prosa, de autoria de Snorri Sturluson, ambas são a principal fonte de informações sobre a mitologia nórdica e os seus heróis. Snorri, poeta, historiador e político islandês, a escreveu por volta do ano 1220. As Valquírias também são citadas em *Njals*, que é outra saga islandesa do mesmo século. As Valquírias aparecem em todos os poemas nórdicos, uma forma literária oral da Noruega e da Islândia entre os séculos X e XIII. Nas escavações arqueológicas feitas no Norte da Europa, foram encontrados vários broches e amuletos com figuras estilizadas de mulheres usando longas túnicas, cabelos trançados e portando chifres com bebidas, ou em pé, ao lado de um lobo ou de um cavaleiro.

Nos mitos nórdicos sobre as Valquírias, elas surgem como "Filhas de Odin". Formavam uma tropa de elite, prontas para lutar na "Batalha Final" de Ragnarök. Elas também apareciam como jovens de pele clara, olhos azuis e cabelos loiros, usando reluzentes armaduras e elmos, portando escudos e espadas. As Valquírias foram mais uma vez imortalizadas pela música de Richard Wagner na ópera "O anel do Nibelungo", no trecho "Die Valküre" ou "Cavalgada das Valquírias". O número e os nomes das Valquírias alteram-se de acordo com as fontes escritas. Por exemplo, no poema "Völuspa" são mencionadas seis, em outras fontes nove, 12, 27 ou 30. Vamos citar alguns nomes de Valquírias: Brynhild, Sikeggjöld, Alvin, Geirabol, Reginleif etc. As Valquírias eram ligadas à deusa Freya, também conhecida como "A Deusa da Guerra e da Morte". Em algumas fontes, elas eram consideradas virgens eternas.

Por outro lado, a liberdade poética possibilitou que a palavra Valquíria também fosse usada em relação às mulheres mortais na poesia nórdica antiga.

Figura 25 – Selo da Alemanha de 1906 com o desenho de uma Valquíria

Fonte: Michel Junior - Katalog (2008, p. 33)

Figura 26 – Valquíria em campo de batalha

Fonte: Dell (2012, p. 157)

3. FREYA

Freya é a deusa nórdica do amor, estando também associada ao sexo, à beleza, à luxúria, à feitiçaria, à fertilidade, ao ouro, à guerra e à morte. A palavra Freya significa "senhora", podendo ser também escrita Freyja, Freia etc.

Na mitologia nórdica, a "Guerra dos Deuses" foi um conflito bélico que ocorreu entre os dois principais clãs de deuses: *Æsir* e Vanir. A causa dessa guerra foi o aprisionamento da deusa Freya. O clã Vanir não aceitou esse insulto e iniciou o combate, mas o motivo do aprisionamento de Freya nunca foi descoberto. Contudo, não se sabe qual dos dois clãs começou a guerra, se o Vanir ou o *Æsir*. O conflito resultou na unificação das tribos.

Figura 27 – Deusa Freya em sua carruagem

Fonte: disponível em: https://br.depositphotos.com/stock-photos/freya.html?q-view=260633116. Acesso em:13 mar. 2020

Freya é filha de Njord com a sua irmã Nerthus. Ela é casada com o deus Odr. Freya é considerada uma deusa de grande beleza, e tem muitos admiradores, não apenas entre deuses e deusas, mas também entre os anões e os gigantes. Ela é uma apreciadora de joias e, com bastante frequência, usou sua beleza para obter objetos de valor que ela desejava. Tem uma grande inclinação para a poesia e a música. Freya tem o dom de transformar suas lágrimas em ouro. Aprecia viagens, quando cavalga em sua carruagem tracionada por dois gatos pretos ou cinzentos, sendo também capaz de voar.

4. FRAU BERCHTA (FRAU BERTHA)

Frau Berchta ou Frau Bertha é a deusa que ficou conhecida por "Mulher Elfo" ou "Mulher Branca". É caracterizada como bruxa malvada que voa montada em uma vassoura, flutuando sobre os campos, coberta com seu manto de cor cinza. Berchta é a deusa da fertilidade, das mulheres, do gado e dos campos. Também é a deusa dos arados e o seu nome significa "brilhante". Ela é a regente dos "12 dias brancos" que se iniciavam na "Noite da Mãe", correspondendo ao dia 20 de dezembro, indo até 31 do mesmo mês. Esse período corresponde aos dias mais logos do hemisfério Norte. Essa "Noite da Mãe" era comemorada com leite, mel e panquecas. Porém, após a cristianização da Escandinávia, esse período de repouso e comemorações foi alterado. Berchta pode ser invocada em rituais para aumentar a fertilidade animal, vegetal ou humana, para melhorar o clima nos momentos de plantio ou colheita ou para abençoar atividades artesanais em que se empregam lã ou fios. Ela é também a protetora das almas das crianças não nascidas, esperando para um novo nascimento.

5. RAN

Ran é a deusa nórdica de grande talento musical, possuindo o dom da sedução, da transmutação e da magia. A forma que mais gostava de assumir era a de uma bela sereia.

Figura 28 – Deusa Ran, uma sereia

Fonte: disponível em: http://photos1.blogger.com/blogger/2983/2680/1600/mermaid-wtrhse.jpg. Acesso em:13 mar. 2020

Para os nórdicos, o mar era denominado "O Caminho de Ran", pois diziam que nas suas profundezas morava a deusa que obrigava os marinheiros a se afogarem. Muitos deles foram atraídos pelos seus encantos. Os cabelos dessa deusa eram longos e formados por grandes algas marinhas, banhadas por um perfume que exercia grande sedução. Ran estava sempre coberta com muitas joias. Segurava o leme dos navios com uma das mãos e, com a outra, colhia com o auxílio de uma rede de pesca os afogados, levando-os ao seu reino encantado no fundo do mar.

Era bastante frequente que alguns marinheiros do Norte da Europa levassem consigo moedas de ouro nas suas viagens marítimas, pois dizia o mito que, caso os afogados resgatados por Ran tivessem ouro, a deusa lhes devolvia a liberdade, mas apenas nos mundos submersos, onde seriam tratados com muita regalia.

Os navios nórdicos chamados drakkar, da época dos vikings, exibiam nas suas respectivas proas estátuas de Ran entalhadas em madeira. Eram amuletos de proteção e de reverência à deusa. Ran era casada com o deus Aegir, com quem teve nove filhas, as "Donzelas das Ondas". Elas tinham o dom de se transformar em sereias. Costumavam manter relações sexuais com pescadores acampados nas praias, deixando-os definharem de tristeza e de saudades até a morte.

Ran também era chamada de "Deusa da Tempestade", sendo considerada protetora e benévola em relação a moças e mulheres solteiras.

No poema épico de Homero, *Odisseia*, há várias referências às sereias. Embora nada tenha a ver com as deusas nórdicas, vamos transcrever uma dessas citações, como mera curiosidade:

> Não; quero tudo contar-vos, porque procuremos a morte conscientemente, ou possamos fugir do Destino funesto. Manda, em primeiro lugar, que as divinas Sereias, dotadas de voz maviosa, evitemos e o prado florido em que se acham (HOMERO, 2001, canto XII, verso 150).

6. IDUNA

A deusa nórdica Iduna também é conhecida por Idun. Essa palavra significa "rejuvenescedor". Essa deusa é a "Guardiã do Pomar Sagrado", no qual estão as maçãs que servem de alimento e recuperação da juventude por toda a eternidade aos deuses do Æsir. Sem essas maçãs, os deuses seriam apenas mortais comuns. Portanto, Iduna é a responsável pela manutenção da imortalidade de todos os deuses.

Segundo a mitologia, Iduna é uma deusa muito bonita, possuindo longos cabelos loiros, sendo também considerada a "Deusa da Primavera e da Eterna Juventude".

Figura 29 – Deusa Iduna no Pomar Sagrado

Fonte: disponível em: https://escolaeducacao.com.br/iduna/. Acesso em:13 mar. 2020

Iduna é casada com Bragi, o deus nórdico da poesia e da música, e por essa razão ela também é considerada a "Deusa da Poesia". Iduna é filha do anão Ivald. Entre os povos escandinavos, era comum o sepultamento de pessoas cercadas de maças, um fato influenciado por Iduna ser a deusa do Pomar Sagrado, onde estavam as maças, como já foi dito. Essa deusa tem por símbolo uma maçã dourada.[5]

---

[5] Disponível em: https://escolaeducacao.com.br/iduna/. Acesso em:13 mar. 2020

7. SIF

Sif também é conhecida por Sifjar ou Síbia. É a deusa nórdica regente da fertilidade da vegetação, dos campos de trigo do verão, da qualidade superior e da habilidade em combate. Ela costumava admirar os guerreiros graciosos nas batalhas. É considerada uma bela mulher de cabelos loiros e longos, usando um cinto de ouro cravejado com pedras preciosas. Tem o poder de se transformar em cisne. Ela pertence ao Æsir, clã de deuses que residem em Asgard.

Figura 30 – Deusa Sif

Fonte: disponível em: https://dezmilnomes.wordpress.com/2016/05/19/sif-deusa-da-deusa-da-colheita-da-fertilid. Acesso em:13 mar. 2020

Sif tinha grande orgulho da sua longa cabeleira, que lhe cobria da cabeça aos pés, como um véu. Era o símbolo da Terra. Thor também era muito orgulhoso da linda esposa e de seus longos cabelos. Portanto, quando a encontrou certo dia totalmente sem os cabelos, como as terras áridas castigadas pelo inverno, enfureceu-se. Thor descobriu que Loki, o deus das brincadeiras, era o culpado por ter cortado os lindos cabelos dourados de Sif durante o sono dela. No poema "Lokasenna" da *Edda*, Loki acusa Sif de adultério, vangloriando-se de ter sido seu amante, sendo que foi assim que conseguiu cortar seus cabelos. Enquanto em outras culturas "cortar os cabelos" era o castigo imposto às adúlteras, as mulheres nórdicas eram livres para se divorciar quando se sentiam insatisfeitas nos casamentos.

Thor, quando viu o desespero de Sif, forçada ao isolamento devido à perda de sua linda cabeleira, em um acesso de raiva agarrou e ameaçou quebrar os ossos de Loki, um por um, até matá-lo, mas, quando diminuiu a ira de Thor, Loki jurou contornar a situação. Ele adentrou o centro da terra e persuadiu o ferreiro Dvalin e os anões a fazerem não só um novo cabelo mágico para Sif, mas também um navio mágico e uma lança para serem dados de presente a outros deuses para diminuir a revolta de Thor.

Após se casar com Thor, Sif e o esposo tiveram Thrud, a deusa regente do tempo, cuja raiva trazia as nuvens escuras de chuva e as tempestades, e o bom humor deixava o céu da cor de seus olhos azuis. Há mitos que dizem que Thrud era uma das Valquírias. Também há mitos que citam uma segunda filha chamada Lorride, mas pouco se sabe sobre ela. Sua união com Thor representa a união dos céus com a terra, a chuva que cai e fertiliza o solo. Há ainda contos que dizem que Sif e Thor tiveram dois filhos, Magni ("poder") e Modi ("raiva" ou "bravura"), que estão destinados a herdar o martelo de Thor, chamado Mjolnir.

Mjolnir é conhecido na mitologia nórdica como uma das armas mais poderosas do universo. É praticamente indestrutível, graças à sua composição de metal e aos encantamentos de Odin. Porém, não é isso que faz com que tenha uma fama tão imponente, mas as habilidades que esse martelo concede àquele que o utiliza.

Figura 31 – O Mjolnir, "o martelo de Thor". Esse deus monta em sua carruagem puxada por cabras

Fonte: Dell (2012, p. 62)

8. GERDA

Gerda, Gerd ou Gert é uma deusa nórdica que pertence à raça dos gigantes. Ela é filha de Gymir e Aurboda, sendo esta a deusa da luz. Conta a lenda que, ao caminhar, ela deixa um rastro de partículas incandescentes. Ao erguer os braços, dela sai uma luz brilhante sobre o céu, a Terra e os mares. Mitólogos que estudam as deusas nórdicas pensam que essa luz seria a aurora boreal.

Figura 32 – A deusa nórdica Gerda

Fonte: disponível em: http://www.teiadethea.org/?q=node/225. Acesso em: 13 mar. 2020

O deus Freyr apaixonou-se por Gerda e a pediu em casamento. Para intermediar seu pedido, enviou Skirnir, seu auxiliar, como mensageiro, o qual ofereceu a ela as maçãs da juventude e o anel mágico de Draupnir. No entanto, Gerda não queria se casar e rejeitou o pedido de Freyr. Todavia, passadas nove noites, ela cedeu, porém, em troca, solicitou um cavalo e a espada de Freyr. Dizem os estudiosos que esse mito pode ser interpretado como a representação do casamento sagrado entre o deus da fertilidade e a deusa da Terra. A deusa Gerda costumava ser invocada quando era necessário vencer a oposição de pessoas ou circunstâncias adversas.

REFERÊNCIAS BIBLIOGRÁFICAS

ABRAM, Christopher. *Mitos do norte pagão*: os deuses nórdicos. Petrópolis: Editora Vozes, 2019.

DELL, Christopher. *Mitologias*. São Paulo: Edições Sesc, 2012.

FAUR, Mirella. *As faces escuras da Grande Mãe*. São Paulo: Editora Alfabeto, 2016.

HOMERO. *Odisseia*. Tradução: Carlos Alberto Nunes. Rio de Janeiro: Ediouro, 2001.

LANGER, Johnni. *Dicionário de mitologia nórdica*: símbolos, mitos e ritos. São Paulo: Editora Hedra, 2015.

MICHEL JUNIOR. *Katalog 2008. Der kleine Deutschland-Katalog in Farbe*. Unterschleißheim: Schwaneberger, 2008.

STURLUSON, Snourri. *Texto mitológico de las Eddas*. Edição: Enrique Bernardéz. Madrid: Editora Miraguano, 2016.

V

MÃES DIVINAS NO JAPÃO

1. INTRODUÇÃO AO XINTOÍSMO

O Xintoísmo é uma religião politeísta do Japão, a qual atravessou toda a sua história. O termo xintó ou xintô é uma palavra que significa "via", "conduta" (tó ou dó) dos deuses. É uma religião de cultos, crenças antigas, concepções do mundo e do universo que surgiram no arquipélago japonês, desde a Antiguidade, aparecendo no período pré-búdico.

As divindades xintoístas são forças invisíveis, não havendo delas representações antropomórficas antes da chegada do Budismo. Uma das principais características do Xintoísmo é o culto dos kamis. Essa palavra está associada à concepção de "elevado", "superior" e representa manifestações onipresentes do sagrado, que podem ser forças da natureza, ancestrais venerados ou simplesmente conceitos. Os interessados devem procurar as referências bibliográficas deste item, a seguir. A fonte mais antiga sobre as tradições étnicas do Japão é o texto *Kojiki* (*História das coisas antigas*), que teria sido redigido por volta de 712.

Dentre as deusas do Xintoísmo, podemos destacar as indicadas a seguir.

2. AMATERASU

Amaterasu ou Ômikami, também conhecida por Ōhirume-no-Muchi-no-Kami, é a Grande Deusa do Japão, a "Deusa do Sol" e do universo cultuada no Xintoísmo ou religião xintó ou shintô. É a divindade japonesa que cuida dos campos de arroz, e é representada tendo perto de si o disco solar. Ela é filha do deus primordial criador do Japão.

Figura 33 – A deusa Amaterasu

Fonte: disponível em: https://aminoapps.com/c/ocultismo-amino-oficial/page/blog/amaterasu-la-astro-reina/anlr_kx. Acesso em:13 mar. 2020

Para cuidar dos seus grandes campos de arroz, Amaterasu usava sementes de arroz fornecidas por Ukemochi, a deusa dos alimentos.

Amaterasu vivia em uma caverna em companhia das suas criadas que lhe teciam um quimono. Todos os dias ela saía para iluminar a Terra. A mitologia dessa deusa é longa e complexa. Sobre ela, ficaremos por aqui.

3. UKEMOCHI

Outra deusa do Xintoísmo é Ukemochi, que representa o cultivo do arroz e dos abundantes alimentos do Japão. Segundo os textos *Kojiki* e *Nihon Shoki*, por um longo período, ela foi a provedora de sementes para os campos de Amaterasu. Após sua morte, Ukemochi ou Ukemochi-no-Kami tornou-se provedora de substâncias vitais para a humanidade, garantindo seu futuro e desenvolvimento.

Ainda, de acordo com uma das passagens do *Kojiki* (*Registro de assuntos antigos*), consta que:

> Ao se aproximar do grande oceano, surpreendentemente, inúmeros peixes de variados tamanhos começaram a sair a partir da boca da deusa. Caminhando pela floresta diversas espécies de animais nasceram de seu corpo e ao chegar a um campo fértil, uma quantidade incrível de arroz começou a brotar. Do corpo da deusa a vida germinava incessantemente.[6]

REFERÊNCIAS BIBLIOGRÁFICAS

DELUMEAU, Jean. *As grandes religiões do mundo*. Lisboa: Editorial Presença, 1997. p. 582-608.

ELIADE, Mircea. *Tratado de história das religiões*. São Paulo: Editora Martins Fontes, 1993.

ELIADE, Mircea; COULIANO, Ioan P. *Dicionário das religiões*. São Paulo: Editora Martins Fontes, 1995.

PORTO, Humberto; SCHLESINGER, Hugo. *Dicionário enciclopédico das religiões*. Petrópolis: Editora Vozes, 1995. v. 2, p. 2681.

ROCHEDIEU, Edmond. *Xintoísmo e novas religiões do Japão*. Lisboa: Editorial Verbo, 1982.

---

[6] Disponível em: https://cacadoresdelendas.com.br/japao/ukemochi-o-mito-da-deusa-dos-alimentos-no-japao. Acesso em:13 mar. 2020

VI

MÃES DIVINAS NO TAOISMO

1. INTRODUÇÃO AO TAOISMO

Os textos clássicos do Taoismo são: a) *Tao-te King* (*Clássico caminho da virtude*), escrito por Lao-Tsé; e b) *Chuang-Tzu*, escrito pelo autor de mesmo nome. Conta a lenda que o sábio ao dormir, sonhou que era uma borboleta, mas ao acordar se perguntou: será que eu era antes *Chuang Tzu*, sonhando que era uma borboleta ou sou agora uma borboleta adormecida, sonhando ser *Chuang Tzu*? As origens do Taoismo estão envoltas em lendas. Lao-Tsé, o suposto autor do *Tao-te King*, teria nascido entre 604 e 571 a.C. A datação do livro de sua autoria é controvertida. Alguns especialistas em história das religiões aceitam a versão tradicional, enquanto outros, lhe atribuem data de composição por volta de 240 a.C., e *Chuang-Tzu*, teria nascido no século IV a.C.

Figura 34 – Lao-Tsé

Fonte: disponível em: https://br.depositphotos.com/stock-photos/tsu.html?qview=-41843445jun/404591176.html. Acesso em:13 mar. 2020

No entanto, o Taoismo não está todo contido nos dois livros citados. Na verdade, o cânon taoísta chamado *Tao-tsang* foi publicado em 1926, na cidade de Xangai, com 1.120 fascículos.

Chuang-Tzu foi um marcante filósofo taoísta do século IV a.C. Também ficou conhecido como "Mestre Zhuang" e viveu durante um período da história da China conhecido por "Época dos Reinos Combatentes", correspondendo ao pico da filosofia chinesa.

O Tao designa a realidade última, incognoscível, misteriosa, insondável. Ao examinar sua função cosmogônica, verifica-se o aspecto inefável do Tao. Na primeira frase do *Tao-te King*, podemos ler o seguinte: "O Insondável Tao, que se pode sondar, não é o Verdadeiro Tao".

De modo geral, a originalidade do pensamento chinês consiste em ter integrado aspectos do macrocosmo com os do microcosmo em um só sistema, ou seja, o ciclo de princípios contrários Yin e Yang. Esses dois princípios estão representados na Figura 35.

Figura 35 – Representação dos princípios Yin-Yang

Fonte: disponível em: https://br.freepik.com/icones-gratis/yin-yang-ios-7-simbolo_751370.htm. Acesso em:13 mar. 2020

A importância do par de contrários Yin-Yang não serviu apenas de modelo de classificação universal, mas sobretudo por ter sido desenvolvido em uma cosmologia. É o símbolo da alternância das coisas, de tudo, nesse fluxo de ir e vir da vida, da matéria, da mente. Yin e Yang representam aspectos reais e concretos do tempo. A oposição e a integração entre os sexos expressam o antagonismo complementar entre esses dois princípios cósmicos. Esses dois princípios representam o cerne do Taoismo. Sobre esses dois aspectos complementares, vamos transcrever a seguir um trecho do *Tao-te King*:

> Toda pluralidade reside na unidade,
> E esses dois são um em si.
> O céu é puro porque é Uno
> A Terra é firme porque é Uma.
> As potências espirituais são ativas,
> Porque são unidade.
> Tudo o que é poderoso assim é,
> Porque são a unidade.
> Tudo o que é vivo assim é,
> Graças a sua unidade.
> Os soberanos são modelos,
> Somente quando preservam a sua unidade.
> Tudo se realiza pela unidade.
> Sem ela, os céus se partiriam,
> E a firmeza da Terra pereceria.
> Sem a atuação da unidade,
> Falhariam as potências espirituais.
> Sem a sua plenitude,
> Acabaria tudo em vacuidade.
> A fecundidade acabaria
> Em total esterilidade.
> Sem o poder da unidade,
> Pereceria tudo o que é vivo.
> E os soberanos ruiriam no pó.
> Os sábios sabem que toda a nobreza
> Reside na simplicidade;
> Que tudo o que é alto
> Se apoia no que é baixo.
> Por isso também os reis e príncipes
> Se consideram servos inermes,
> Sabendo que toda a sua grandeza
> Tem por alicerce o Uno e simples.
> Quem dissolve a sua carruagem

> Não tem mais carruagem.
> Quem quer brilhar como pedra preciosa,
> E se dissolve, cai por terra,
> Como uma poeira sem valor (LAO-TSÉ, 1985, p.111).

Em seu livro *Che-Ki* (*Memórias históricas*), redigido por volta do ano 100 d.C., o grande historiador Ssu-ma Ts'ien refere-se a um encontro entre Lao-Tsé e Confúcio do seguinte modo:

> Disse Lao-Tsé: "Elimina o teu humor arrogante e todos esses desejos, esse aspecto presunçoso e esse zelo excessivo não trazem qualquer vantagem para a tua pessoa. Isso é tudo o que posso dizer-te".
> Confúcio retirou-se consternado. Confessou aos discípulos que conhecia todos os animais – aves, peixes, quadrúpedes – e lhes compreendia os comportamentos, "mas, quanto ao dragão, não posso conhecê-lo: ele sobe ao céu, acima da nuvem e do vento. Estive hoje com Lao- Tsé; ele é como o dragão" (ELIADE, 1979, p. 38).

Sobre esse encontro (ELIADE, 1979, p. 39; nota de rodapé), pode-se dizer que há quatro hipóteses a considerar: a) Lao-Tsé é a mesma pessoa que Lao Tan do século VI a.C. e, portanto, pode ter recebido a visita de Confúcio; b) Lao-Tsé viveu no período conhecido por "Primaveras e Outonos", mas não seria o autor do *Tao-te King*; c) ele viveu na época dos "Reinos Combatentes", mas não se pode ter certeza de que tenha escrito o *Tao-te King*; d) não é uma pessoa histórica. Preferimos ficar com a primeira hipótese.

2. XI WANGMU

É a deusa do Oeste ou do Ocidente. É também a deusa que detém o segredo da vida eterna e a entrada no paraíso. Originalmente, era uma deusa feroz com dentes de tigre e que remetia pragas à Terra. No entanto, ao ser incorporada ao panteão taoísta, transformou-se em uma divindade benigna. Na mitologia chinesa popular, Xi Wangmu vive em um palácio de jade e, por esse motivo, é considerada a patrona dos mineiros de jade. Ela também possui um pessegueiro que, a cada três mil anos, produz um pêssego que concede a imortalidade.

Seu título oficial no Taoísmo é "Yaochi Jinmu" ou a "Mãe de Ouro do Lago Luminoso".

3. XUAN NU

De acordo com a mitologia chinesa, Xuan Nu foi a deusa que ajudou Huang Di, conhecido como o Imperador Amarelo, a subjugar Chi You, ensinando-lhe as estratégias do militarismo. Depois de se enfrentarem nove vezes em uma guerra cíclica sem que nenhum dos dois vencesse, o Imperador Amarelo retirou-se para o Monte Tai, que ficou envolto em neblina durante três dias. Então, apareceu Xuan Nu, que tinha cabeça de pessoa e corpo de ave, e aproximou-se do Imperador comunicando-lhe uma estratégia para vencer a guerra. Huang Di ou Huang-Ti (pinyin: huángdì) é um dos Três Augustos, reis lendários, sábios e moralmente perfeitos que teriam governado a China durante um período anterior à Dinastia Xia. O Imperador Amarelo teria reinado de 2697 a.C. a 2597 a.C. É considerado o ancestral de todos os chineses da etnia Han (a principal etnia da China) e o introdutor do antigo calendário chinês, bem como o criador lendário de importantes elementos da cultura chinesa, como o Taoísmo, a astrologia e a medicina chinesas, além do *feng shui* (geomancia chinesa).

4. MATSU

A palavra Matsu significa "mãe ancestral"; é uma deusa do oceano da mitologia chinesa. De acordo com a lenda, Matsu (ou Mazu) nasceu em 960 (durante a dinastia Sung) como a sétima filha de Lîm Goān na Ilha Meizhou. Há muitas lendas envolvendo Matsu e o mar, que determinam que ela usava um vestido vermelho para guiar os barcos de pescadores para a costa, mesmo durante tempestades. É representada normalmente usando um vestido vermelho e sentada em um trono.

Figura 36 – Estátuas da deusa Matsu

Fonte: disponível em: commons/9/94/Statues_of_Mazu_in_Lugang_Mazu_Temple_. Acesso em:13 mar. 2020

Existem pelo menos duas narrativas sobre a sua morte. Em uma delas, ela teria falecido no ano de 987 com 27 anos, quando escalou uma montanha, subiu aos céus e tornou-se uma deusa. A outra narrativa da lenda diz que ela morreu de cansaço após nadar muito em busca de seu pai, aos 16 anos. Após sua morte, as famílias de muitos pescadores e marinheiros começaram a rezar em honra de seus atos de bravura, tentando salvar aqueles ao mar. Sua adoração espalhou-se rapidamente por toda a China.

5. LONG MU

Long Mu é uma deusa da mitologia chinesa, conhecida por ter criado cinco dragões e, por isso, é também chamada de "Mãe dos Dragões". Long Mu morava com sua família na margem de um rio, onde lavava roupas e pescava. Certo dia, ela encontrou um ovo nas margens desse rio, do qual nasceram cinco serpentes (ou uma, segunda algumas versões). Mesmo sendo pobre, Long Mu deu o melhor de sua comida para alimentar as serpentes e elas ajudavam-na pegando peixes no rio. Com o tempo, elas cresceram e tornou-se claro que não eram serpentes, mas dragões. Os chineses acreditam que os dragões têm o poder de controlar o tempo e, assim, durante uma seca, Long Mu pediu aos dragões que fizessem chover e isso deixou os aldeões satisfeitos, dando-lhe, dessa forma, o nome de "Mãe dos Dragões". A notícia desse feito chegou ao imperador Qin Shihuang, que lhe enviou presentes e solicitou sua presença na capital. Mas ela já estava muito velha e morreu antes de conseguir chegar ao palácio imperial.

6. MENG PO

Segundo uma lenda chinesa, depois da morte, as almas pecadoras são enviadas a diferentes reinos com a finalidade de receber seu castigo no inferno até que alcancem o décimo reino, o reino de Meng Po. Meng Po também é uma divindade feminina, cuja tarefa consiste em preparar as almas para entrarem no ciclo da reencarnação. Sendo purgado de todo conhecimento prévio, o espírito é enviado para renascer em uma nova vida.

Diz-se que a poção de Meng Po pode apagar a memória dos acontecimentos passados, é por isso que as pessoas vêm a este mundo sem nenhuma lembrança de suas vidas anteriores. A poção de Meng Po é feita de ervas do mundo humano e é conhecida como "os cinco sabores do esquecimento": doce, amargo, azedo, ácido e salgado.

Quem for reencarnar, deverá beber a poção que produzirá na pessoa amnésia instantânea, apagando toda lembrança das suas vidas passadas. Para aquelas almas que se negam a beber e tentam fugir, um par de ganchos sai do fundo da poção para segurar seus pés e um tubo de aço perfura sua garganta, forçando-as a beber a poção.

Em certas ocasiões, alguns foram capazes de evitar beber a poção e, quando voltaram a nascer, puderam recordar fragmentos de vidas passadas. Diz-se que Meng Po viveu durante a dinastia Han do Oeste (206-205 a.C.) e foi muito estudiosa dos ensinamentos de Confúcio. Durante sua vida, jamais lembrou seu passado nem pensava no futuro, mas punha todo seu coração em ensinar as pessoas a serem boas.[7]

---

[7] Disponível em: https://aminoapps.com/c/oficialtxtaminoo/page/blog/meng-po-a-deusa-do-esquecimento/8. Acesso em: 22 mar. 2020

REFERÊNCIAS BIBLIOGRÁFICAS

CHENG, Anne. *História do pensamento chinês.* Petrópolis: Editora Vozes, 1997.

DELUMEAU, Jean. *As grandes religiões do mundo.* Lisboa: Editorial Presença, 1997.

ELIADE, Mircea. *História das crenças e das ideias religiosas.* Rio de Janeiro: Zahar Editores, 1979. t. II, v. I, p. 38.

ELIADE, Mircea; COULIANO, Ioan P. *Dicionário das religiões.* São Paulo: Editora Martins Fontes, 1995.

LAO-TSE. *Tao-te King.* Tradução de Humberto Rodhen. São Paulo: Fundação Alvorada, 1985.

VII

MÃES DIVINAS NOS GUARANIS

Os dados deste capítulo me foram informados parcialmente pelo professor João José de Felix Pereira, cujo nome no idioma guarani é Awaju Poty. Ele fez seu doutorado em Ciência da Religião na Universidade Metodista de São Paulo (Umesp).

Em seguida, veremos algumas deusas da cultura guarani.

1. DEUSAS GUARANIS

a. Ñandexy: Mãe do Mundo.

b. Ñandeijari: Senhora do Mundo.

c. Yxapy: Rocio (padroeira do Paraná) – Nossa Senhora do Rocio.

d. Ka'akupe Ka'aiari: Deusa da Erva-mate – Nossa Senhora de Ka'akupe, padroeira do Paraguai.

e. Unaijari: Senhora Negra ou Senhora das Trevas. Nossa Senhora Aparecida, padroeira do Brasil.

f. Yjari: Senhora das Águas Doces.

g. Ituijari: Senhora das Cachoeiras.

h. Ymãijari: Senhora dos Mares.

i. Ryjari: Senhora dos Rios.

j. Kerena: Senhora dos Sonhos.

2. DEUSAS DA AMAZÔNIA BRASILEIRAS

a. JACI[8]

Figura 37 – Jaci

Fonte: disponível em: https://noamazonaseassim.com.br/conheca-a-lenda-da-jaci-a-deusa-da-lua/. Acesso em:13 mar. 2020

---

[8] Disponível em: https://www.okademani.com.br/single-post/2018/07/26/Jaci-Deusa-da-Lua-e-a-Lenda-da-Vit. Acesso em:13 mar. 2020

Na teogonia ou estudos do nascimento dos deuses tupis, Jaci era considerada a Deusa Lua ou a própria Lua, irmã e também esposa do Sol, chamado Coaraci ou Guaraci. Ela é a rainha da fauna e mãe de todos os vegetais. Quando a Lua estava cheia, ela era chamada de Iaci icauá, e quando estava Lua nova a chamavam de Iaci oiumunhã. Sobre o comando de Jaci, havia seis "encantados" da floresta, ou seja, seis espíritos da floresta, que são os seguintes: a) o Saci-Pererê que poderia se transformar em Matinta-perera, uma ave misteriosa a qual os índios temiam; b) o Boitatá, o espírito associado ao fogo; c) o Ourautão, que é a coruja da noite; d) o Curupira, o guardião do bosque; e) Iara, que é a sereia; e f) a Boiouna, a serpente guardiã dos rios. O Curupira é retratado, frequentemente, como um anão ou menino que possui os cabelos vermelhos e os pés voltados para trás, ao contrário, com os calcanhares para frente. É importante reforçar que a descrição física do Curupira pode variar de acordo com o lugar em que a lenda é reproduzida. Em certos locais, o Curupira é careca; em outros, tem o corpo cabeludo e dentes verdes. De toda forma, as características que se sobressaem são as citadas: baixa estatura, cabelos vermelhos e pés ao contrário. Além disso, destaca-se sua grande força física, sendo o protetor da floresta. O Curupira é um habitante nato das florestas. Para encontrá-lo, é necessário adentrar na mata densa. Assim, esse ser evita estar nos locais com grande presença humana, somente indo atrás de humanos quando eles entram na floresta para caçar ou derrubar árvores.

Segundo a tradição, Coaraci ou Guaraci, o deus do Sol, um dia cansou-se de seu ofício eterno e precisou dormir. Quando fechou os olhos, o mundo caiu em trevas. Para iluminar a escuridão enquanto ele dormia, Tupã criou Jaci, a Lua, uma deusa tão bonita que, quando Guaraci despertou por causa da luz dela, apaixonou-se por Jaci. E assim, encantado, voltou a dormir para que pudesse vê-la novamente. Mas, quando o Sol abria os seus olhos para admirar a Lua, tudo se iluminava e ela ia deitar-se, cumprindo sua missão. Guaraci pediu então que Tupã criasse Rudá, deus do amor e seu mensageiro. O amor não conhecia luz ou escuridão, podendo uni-los na alvorada.

b. NAIÁ[9]

Jaci, de quando em quando, descia à Terra para buscar alguma bela virgem e transformá-la em estrela do céu para lhe fazer companhia. Ouvindo aquilo, uma bela índia chamada Naiá quis se tornar estrela para brilhar ao lado de Jaci.

Durante o dia, bravos guerreiros tentavam cortejar Naiá, mas era tudo em vão, pois ela recusava todos os convites de casamento. E mal podiam esperar a noite chegar quando saíam para admirar Jaci, que parecia ignorar a pobre Naiá. Ela esperava sua subida e descida no horizonte, e já quase de manhãzinha Naiá saía correndo em sentido oposto ao do Sol para tentar alcançar a Lua. Corria até cair de cansaço no meio da mata. Noite após noite, a tentativa de Naiá se repetia, até que adoeceu. De tanto ser ignorada por Jaci (a Lua), a moça começou a definhar.

Figura 38 – Naiá

Fonte: disponível em: http://www.xapuri.info/cultura/mitoselendas/lenda-vitoria-regia-paixao-naia-lua/. Acesso em: 13 mar. 2020

---

[9] Disponível em: www.xapuri.info/cultura/mitoselendas/lenda-vitoria-regia-paixao-naia-lua/. Acesso em: 13 mar. 2020

Mesmo doente, não havia uma noite que não fugisse para ir em busca da Lua. Numa dessas vezes, a índia caiu cansada à beira de um igarapé. Quando acordou, teve um susto e quase não acreditou: o reflexo da Lua nas águas claras do lago a fez exultar de felicidade! Naiá, em sua inocência, pensou que a Lua tinha vindo se banhar no lago e permitir que fosse tocada. Finalmente estava ali, bem perto de suas mãos. Naiá não teve dúvidas: mergulhou nas águas profundas, mas acabou se afogando. Jaci, vendo o sacrifício da índia, resolveu transformá-la numa estrela incomum. O destino de Naiá não estava no céu, mas nas águas a refletir o clarão do luar. Jaci transformou-a na vitória-régia, que sempre dança com as estrelas e com a Lua quando os lagos refletem o céu em todo o seu esplendor.

Figura 39 – Vitória-régia

Fonte: disponível em: http://basilio.fundaj.gov.br/pesquisaescolar/index.php?option=-com_content&view=article&id=129&. Acesso em:13 mar. 2020

c. JURARÁ-AÇU

Jurará-Açu é uma deusa que conseguiu livre acesso ao submundo ao libertar Anhangá da prisão. Quando Tupã descobriu isso, dificultava-lhe a locomoção, mas em contrapartida, lhe dava enorme poder de negociação, pois entrava nos lugares e saía deles sem ser muito notada. Ela também tinha a habilidade de se transformar em pedra, que usava para se disfarçar. Assim, Jurará-Açu sabia tudo o que acontecia em qualquer lugar do mundo. Ela podia entrar nos infernos e sair deles. Libertou os deuses infernais e, por isso, foi punida por Tupã e transformada em tartaruga.

Figura 40 – Jurará-Açu

Fonte: disponível em: https://my-bestiario.fandom.com/pt-br/wiki/Jurur%C3%A1-A%C3%A7u. Acesso em:13 mar. 2020

d. IARA

Iara ou Mãe-d'Água é uma linda sereia que vive no rio Amazonas, sua pele é morena, possui cabelos longos e negros, e olhos castanhos. Seu nome significa "aquela que mora na água".

De acordo com a lenda, Iara era uma índia guerreira, a melhor de sua tribo e recebia muitos elogios do seu pai, que era pajé. Os irmãos de Iara tinham muita inveja dela e resolveram matá-la à noite enquanto dormia. Iara, que possuía ouvidos muito aguçados, os escutou e os matou. Entretanto, com medo da reação de seu pai, ela fugiu. Seu pai, o pajé da tribo, realizou uma busca implacável e conseguiu encontrá-la, e como forma de punição pelas mortes a jogou no encontro dos rios Negro e Solimões. Alguns peixes levaram a moça até a superfície e a transformaram em uma linda sereia.

Figura 41 – Iara

Fonte: extraída de Bezerra (1985, p. 69)

A lenda conta também que Iara costumava banhar-se nos rios e cantar uma melodia irresistível aos ouvidos dos homens. Por isso, os homens que a escutam e conseguem vê-la não resistem aos seus desejos e pulam dentro do rio. Ela tem o poder de cegar quem a admira e levar para o fundo do rio qualquer homem com quem ela desejar se casar. Os índios acreditam tanto no poder da Iara que evitam passar perto dos lagos ao entardecer

Há vários contos de pescadores e indígenas relatando que os moços que cederam aos encantos da bela Iara terminaram sufocados de paixão. Ela deixa sua casa no leito das águas no fim da tarde. Surge sedutora à flor das águas: metade mulher, metade peixe, cabelos longos enfeitados de flores vermelhas. Por vezes, ela assume a forma humana e sai em busca de vítimas. Para se livrar do poder de sedução de Iara, deve-se comer muito alho ou esfregá-lo por todo o corpo, aconselham os indígenas. São muitas as lendas em torno de Iara, seus encantamentos e artimanhas. É um dos mitos que mais inspiraram poetas brasileiros.[10]

e. CEUCI

Protetora das lavouras e das moradias indígenas, Ceuci foi comparada pelos colonizadores católicos à Virgem Maria, por ter dado à luz de maneira milagrosa: seu filho, Jurupari – espírito guia e guardião –, nasceu do fruto da cucura-purumã (árvore que representa o bem e o mal na mitologia tupi).

---

[10] Disponível em: http://alemdomeuolhar.blogspot.com/2015/03/deusa-indigena-iara-mae-dagua.html. Acesso em: 13 mar. 2020

Figura 42 – Ceuci

Fonte: disponível em: https://fantasia.fandom.com/pt/wiki/Ceuci. Acesso em:13 mar. 2020

REFERÊNCIA BIBLIOGRÁFICA

BEZERRA,Ararê Marrocos. *Amazônia, lendas e mitos*. Belém: Telecomunicações do Pará, 1985.

VIII

NOTA SOBRE TEXTOS BÍBLICOS NÃO CANÔNICOS

1. OS EVANGELHOS APÓCRIFOS

Nos textos que se seguirão, vamos precisar compreender os textos bíblicos não canônicos. Daí, este capítulo VIII.

A Bíblia Sagrada é formada por 73 livros, também conhecidos por "Textos Canônicos". São assim chamados porque integram o Cânon ou lista oficial dos livros que servem de orientação à fé cristã. Esses livros são divididos em dois grandes grupos, formando os dois Testamentos, assim descritos:

   a. Antigo Testamento: constituído pelos primeiros 46 livros. São anteriores ao nascimento de Cristo. O Velho Testamento da Bíblia protestante tem apenas 39 livros, os quais se referem à antiga aliança entre Deus e o povo hebreu. O Antigo Testamento contém a Lei Mosaica, livros históricos, sapienciais e proféticos, quase todos escritos originalmente em hebraico.

   b. Os outros 27 livros formam o Novo Testamento, tendo sido escritos posteriormente ao nascimento de Jesus.

A palavra "apócrifo" vem do grego *apokrypho* ou do latim *apokhyphu* e significa "secreto", "oculto". Com o passar do tempo, passou a designar "inautêntico", "falso", referindo-se a textos cuja autenticidade não foi provada. O termo também passou a designar não apenas o livro de autenticidade duvidosa, mas também o "livro suspeito de heresia", o "livro espúrio".

A palavra "Evangelho" (do grego *Evangelión*) significa "Boa-Nova", usada para designar os ensinamentos do Cristianismo contidos nos quatro evangelhos, que são relatos da vida de Jesus, escritos por apóstolos ou pessoas próximas deles. Com o tempo, passou a designar "documento" ou "livro" referente à religião cristã.

Nos séculos I e II d.C., havia uma grande tradição oral cristã que, com o tempo, foi sendo escrita. No entanto, não há como saber qual foi o texto ou os textos originais, a fonte primária de todos eles. Talvez, essa fonte jamais existiu. Ao que tudo indica, não há nem nunca houve um "Protoevangelho" do qual saíram todos os outros. Para alcançar tudo o que se sabe, ninguém partiu de nenhum "livro-guia", mas de vários, sendo na sua maioria livros obscuros e confusos, quase sem valor histórico ou literário. Com o passar do tempo, foram sofrendo sucessivas censuras, inserções, eliminações, manipulações feitas com o objetivo de demonstrar a veracidade desta ou daquela seita cristã que, na época, eram muitas.

Os quatro Evangelhos considerados canônicos (Marcos, Mateus, Lucas e João) foram escritos em linguagem clara e direta, sem oferecer motivos para outras interpretações mais livres, após a morte de Jesus. Como disse a compiladora Maria Helena de Oliveira Tricca (1989, p. 11): "Não apresentam modismos. São perenes".

Por outro lado, os Evangelhos Apócrifos foram redigidos em estilo mais livre, dando margem a outras interpretações. Muitos dos Evangelhos Apócrifos foram queimados por fanáticos religiosos dos primeiros séculos, o que se constitui em uma grande perda para a historiografia das religiões. Mas vários foram salvos por estarem contidos em outras traduções.

Alguns desses Apócrifos foram estudados e aceitos nos primeiros séculos da nossa era. Nessa época, não havia uma igreja já estabelecida e institucionalizada. O que havia eram as primitivas seitas cristãs e, dentre elas, podem-se destacar os gnósticos, os montanistas, os marcionitas, os carpocracionistas, os marcosianistas, os valentinianistas, os basilidianistas etc.

Dentre os Evangelhos Apócrifos, podem ser destacados os seguintes:

a. Evangelho de Maria Madalena;

b. Evangelho da Virgem Maria;

c. Protoevangelho de Tiago;

d. Evangelho de Nicodemos;

e. Evangelho do Pseudo-Tomé;

f. Evangelho Árabe da Infância;

g. Excertos do Evangelho Armênio;

h. Livro da Infância do Salvador;

i. A História de José, o Carpinteiro;

j. Evangelho de Bartolomeu;

k. Evangelho de Pedro;

l. Evangelho segundo Tomé, o Dídimo;

m. Descida de Cristo aos Infernos;

n. Evangelho Esotérico de João.

Nos anos iniciais do Cristianismo, havia muitas divergências sobre a natureza de Jesus, uns aceitando e outros negando a sua divindade. Com a expansão do Cristianismo a partir do trabalho missionário de Paulo de Tarso, várias cópias dos Evangelhos diferentes foram enviadas a Roma, que se tornou a sede do Cristianismo. Havia igualmente divergências quanto ao Antigo Testamento e também, para aumentar a confusão, cópias dos Evangelhos Apócrifos. Para sanar tamanhas dúvidas, o papa Dâmaso, em 384 d.C., confiou a São Jerônimo a gigantesca tarefa de se debruçar sobre aquela grande quantidade de cópias e delas extrair um documento único, uma nova Bíblia, tanto com o Velho quanto com o Novo Testamento. Essa tradução para o latim deveria, daí por diante, ser a única e reputada Bíblia e tornar-se o "norte" das doutrinas da Igreja Católica. Essa nova versão da Bíblia passou a ser chamada de "Vulgata". Foi um trabalho que exigiu grande esforço e enormes dificuldades. Como disse São Jerônimo, ele achava-se em presença de tantos exemplares quanto havia de cópias. Essa variedade enorme de textos o obrigou a fazer escolhas e mudanças profundas. No Prefácio da sua Vulgata, ele expôs suas dificuldades imensas. Eis o que ele escreveu ao papa Dâmaso:

Da velha obra me obrigais a fazer obra nova. Quereis que, de alguma sorte, me coloque como árbitro entre os exemplares das Escrituras que estão dispersas por todo o mundo, e como diferem entre si, que eu distinga as que estão de acordo com o verdadeiro texto grego. É um perigoso arrojo, da parte de quem deve ser por todos julgados, julgar ele mesmo os outros, querer mudar a língua de um velho e conduzir à infância o mundo já envelhecido.

Qual, de fato, o sábio e mesmo o ignorante que, desde que tiver nas mãos um exemplar (novo), depois de haver percorrido apenas uma vez, vendo que se acha em desacordo com o que está habituado a ler, não se ponha imediatamente a clamar que sou um sacrílego, um falsário, porque terei tido a audácia de acrescentar, substituir, corrigir alguma coisa nos antigos livros? (DENIS, 2001, p. 29)

REFERÊNCIAS BIBLIOGRÁFICAS

A HISTÓRIA do Nascimento de Maria. Tradução de Lincoln Ramos. Petrópolis: Editora Vozes, 1991.

A PAIXÃO de Jesus nos escritos secretos. Tradução de Lincoln Ramos. Petrópolis: Editora Vozes, 1991.

SÃO José e o menino Jesus. Tradução de Lincoln Ramos. Petrópolis: Editora Vozes, 1991.

COUR, Paul le. *O evangelho esotérico de São João*. São Paulo: Editora Pensamento, 1991.

DENIS, Léon. *Cristianismo e Espiritismo*. Rio de Janeiro: Federação Espírita Brasileira, 2001.

EHRMAN, Bart. *Evangelhos perdidos*. Rio de Janeiro: Editora Record, 2008.

LIMA, Lise Mary Alves. *Evangelho de Maria (Mírian de Magdala)*. Petrópolis: Editora Vozes, 2004.

MARTÍN, Santiago. *O evangelho secreto da Virgem Maria*. São Paulo: Mercuryo; Paulus, 2012.

PAGELS, Elaine. *Os evangelhos gnósticos*. São Paulo: Editora Cultrix, 1992.

PIÑERO, Antonio. *O outro Jesus*: segundo os evangelhos apócrifos. São Paulo: Mercuryo; Paulus, 2002.

TRICCA, Maria Helena de Oliveira. *Apócrifos*: os proscritos da Bíblia. São Paulo: Editora Mercuryo, 1989.

2. OS EVANGELHOS GNÓSTICOS (TAMBÉM APÓCRIFOS)

Em dezembro de 1945, próximo ao local denominado Nag Hammadi no Alto Egito, um camponês árabe chamado Muhamed Ali al-Salman descobriu, em uma caverna, um extraordinário achado arqueológico. No interior de um grande recipiente de barro, um pote de cerâmica vermelha com quase um metro de altura, foram encontrados 52 textos do início da era cristã. Os referidos textos estavam guardados há mais de um milênio e meio. Ficaram conhecidos por "Os Evangelhos Gnósticos".

Na metade do século II, seus autores foram considerados hereges, passando a ser duramente perseguidos. Atualmente são conhecidos por "gnósticos", palavra de origem grega oriunda de *gnosis* que significa "conhecimento". Conhecimento não do mundo externo, mas referente ao conhecimento de si mesmo, no sentido espiritual.

Os papiros terminaram por ser vendidos no mercado negro por intermédio de lojas de artigos antigos e chamaram a atenção do governo egípcio, sendo depois colocados em exposição no Museu Copta do Cairo. Após detido exame, foram identificados o "Evangelho de Tomé", o "Evangelho de Felipe", o "Evangelho da Verdade", o "Evangelho Egípcio", o "Livro Secreto de Tiago", o "Apocalipse de Paulo", a "Epístola de Pedro a Felipe" e o "Apocalipse de Pedro". Esses textos foram considerados Apócrifos!

3. OS MANUSCRITOS DO MAR MORTO

Entre 1947 e 1956, foram descobertos centenas de manuscritos e alguns fragmentos guardados em 11 cavernas situadas na região de Qumram, às margens do mar Morto, perto da cidade de Jerusalém. Essa fascinante descoberta surpreendeu a comunidade científica, acarretando uma verdadeira corrida pela tradução, pela datação e pela interpretação daqueles textos. Porções de toda a Bíblia hebraica foram encontradas, excetos do "Livro de Ester" e do "Livro de Neemias". Do total, 210 manuscritos reproduzem livros da Bíblia hebraica. Escritos em sua maior parte em hebraico – mas também em aramaico e em grego –, os documentos foram datados entre 250 a.C. e 68 d.C.

Dentre os manuscritos, há alguns que parecem fazer referência a uma comunidade de judeus conhecidos por "essênios" (seita judaica), assim como há trechos do Antigo Testamento e outros sobre a origem do Cristianismo. Os manuscritos incluem também livros apócrifos e livros de regras da seita referida.

Não foram encontrados textos que se refiram a Jesus nem a nenhum Evangelho. Esses textos foram vendidos à Universidade Hebraica. A autenticidade dos documentos foi atestada e eles passaram a ser estudados. Recentemente, em 2015, pesquisadores da Universidade do Kentucky decifraram o Livro de Levítico. No ano seguinte, arqueólogos da Universidade Hebraica de Jerusalém descobriram vestígios de outra caverna (a décima segunda). Nela, foram descobertos cacos de jarros que continham 16 fragmentos irrecuperáveis.

Até os dias atuais, nada se sabe sobre a autoria desses documentos, embora sejam atribuídos aos essênios. Esses achados apontam para a possibilidade de se conhecer a vida dos judeus contemporâneos de Jesus. Eles fornecem elementos que servem de comparação à pesquisa do idioma hebraico antigo. No entanto, os referidos pergaminhos estão a desejar ainda análises mais aprofundadas.

Associar a figura de Jesus aos essênios é pura especulação. Os membros dessa comunidade viviam em isolamento. Tinham princípios bastante diferentes daqueles de outras seitas judaicas, como as de saduceus e de fariseus, sobre como interpretavam as Leis Mosaicas. Eram celibatários e se preocupavam muito com a pureza corporal. Usavam apenas uma túnica de cor branca e outros objetos simples, na vida pessoal. Embora os rolos demonstrem que a Bíblia não sofreu mudanças fundamentais, eles também revelam, até certo ponto, que havia versões diferentes dos textos bíblicos hebraicos usados pelos judeus no período do Segundo Templo (Segundo Templo de Salomão), cada uma com as suas próprias variações.

Na atualidade, esses manuscritos estão guardados no Santuário do Livro do Museu de Israel, em Jerusalém.

Figura 43 – Um dos pergaminhos do Livro de Isaías

Fonte: disponível em: https://jornal.usp.br/cultura/manuscritos-do-mar-morto-ainda-guardam-misterios-70-anos-. Acesso em: 14 mar. 2020

IX

MULHERES E MÃES NOTÁVEIS NO CRISTIANISMO E NO HINDUÍSMO

1. Introdução

A seguir, veremos pequenas biografias de algumas grandes mulheres e mães que foram santas, ativistas religiosas, missionárias, yoguinis ou eruditas que passaram à história. Em cada uma delas, existe um convite permanente ecoando através dos tempos para que as sigamos e possamos, assim, nos aproximar do Sagrado que há em tudo. Suas vidas são um exemplo de virtude, de bondade e de sacralidade. Algumas foram mães, outras não.

A vida de cada mulher sagrada é também a história sobre Deus. Não há como separar a santidade da sacralidade, embora existam pessoas que façam essa distinção. Podemos alcançar o sagrado por meio de vários caminhos. Por intermédio: da concentração e da meditação, pelo Raja Yoga; do corpo pelo Hatha Yoga; dos sons místicos pelo Nada Yoga; da sexualidade pelo Tantra Yoga; da leitura dos textos sagrados pelo Jñana Yoga; da ação no mundo pelo Karma Yoga; da oração e do cantar de mantras pelo Mantra Yoga; e assim por diante. Seja qual for sua religião, seja qual for seu caminho espiritual, somente podemos chegar ao âmago do sagrado por meio da Experiência Religiosa, da Experiência Mística. Esse foi o caminho de todos os místicos, santos e yogues, em todos os tempos e lugares. Esse foi o caminho seguido por todas as mulheres sagradas!

2. A VIRGEM MARIA

Pouco se sabe sobre a Virgem Maria. O que sabemos sobre essa mulher extraordinária é o que consta nos breves relatos do Novo Testamento.

Maria foi uma bela jovem que nasceu e viveu na Galileia. Ela havia sido prometida em casamento a um carpinteiro chamado José. Certo dia, ela recebeu a visita do Anjo Gabriel e foi saudada por Ele com as seguintes palavras:

> 28. Salve! Agraciada; o Senhor é contigo. Bendita és tu entre as mulheres.
>
> 29. Ela, porém, ao ouvir estas palavras, perturbou-se muito e pôs-se a pensar no que significaria esta saudação.
>
> 30. Mas o Anjo disse: Maria, não temas; porque achaste graça diante de Deus.
>
> 31. Eis que conceberás e darás à luz um filho a quem chamarás pelo nome de Jesus.
>
> 32. Este será grande e será chamado Filho do Altíssimo; e Deus, o Senhor, lhe dará o trono de Davi, seu pai;
>
> 33. Ele reinará para sempre sobre a casa de Jacó, e seu reinado não terá fim.
>
> 34. Então disse Maria ao Anjo: como será isto, pois não tenho relações com homem algum?
>
> 35. Respondeu-lhe o Anjo: Descerá sobre ti o Espírito Santo e o poder do Altíssimo te envolverá com a sua sombra; por isso também o ente santo que há de nascer será chamado Filho de Deus;
>
> 36. E Izabel, tua parente, igualmente conceberá um filho na sua velhice, sendo este já o sexto mês para aquela que diz ser estéril.
>
> 37. Porque para Deus não haverá impossíveis em todas as Suas promessas.
>
> 38. Então, disse Maria: Aqui está a serva do Senhor; que se cumpra em mim conforme a Tua palavra. E o Anjo se ausentou dela.
> Maria visita Izabel
>
> 39. Naqueles dias dispondo-se Maria, foi apressadamente à região montanhosa, a uma cidade de Judá.

40. Entrou na casa de Zacarias e saldou Izabel.

41. Ouvindo essa saudação de Maria, a criança estremeceu no ventre; então Izabel ficou possuída do Espírito Santo.

42. E exclamou em voz alta: Bendita és tu entre as mulheres, bendito é o fruto do teu ventre.

43. E de onde me provém que me venha visitar a mãe do meu Senhor?

44. Pois, logo que chegou aos ouvidos a voz da tua saudação, a criança estremeceu de alegria dentro de mim.

45. Bem-aventurada a que creu, porque serão cumpridas as palavras que lhe foram ditas da parte do Senhor (BÍBLIA SAGRADA, 1960, Lucas 1: 28-45).

Figura 44 – *Anunciação*, por Fra Angelico, Museu do Prado, Madri

Fonte: https://www.historiadasartes.com/sala-dos-professores/a-anunciacao Acesso em: 14 mar. 2020

Poucos meses depois, nasceu Jesus. Como todos nós sabemos, o casal Maria e José foi para uma manjedoura onde nasceu Jesus.

Dois trechos dos Evangelhos falam sobre o fato de Jesus não ter em alta conta os laços de família. Certa vez, disseram-lhe que sua mãe e os seus irmãos estavam procurando-o. E ele lhes disse: "Quem é minha mãe e quem são meus irmãos?" E apontando para aqueles que o escutavam, falou: "Todo aquele que faz a vontade de Deus, este é a minha mãe, meu irmão e minha irmã" (BÍBLIA SAGRADA, 1960, Marcos III: 33-35).

Sobre esse tema de Jesus e da sua família, vale destacar o seguinte trecho:

> 27. [...] uma mulher que estava entre a multidão exclamou e disse-lhe:
> Bem-aventurada aquela que te concebeu e os seios que te amamentaram!
>
> 28. Ele, porém, respondeu: Antes bem-aventurados são os que ouvem a palavra de Deus e a guardam! (BÍBLIA SAGRADA, 1960, Lucas 11: 27-28)

As palavras anteriores não refletem o descaso de Jesus com Maria, sua mãe, ou com os laços de parentesco. Sobre esse aspecto, a preferência por Maria se deve ao fato de ela ter dado o exemplo de ter sido a "primeira discípula", por haver escutado a palavra do Anjo Gabriel, ao ser fiel à vontade de Deus.

No Evangelho de João (BÍBLIA SAGRADA, 1960, p. 139), aparece a figura de Maria aos pés da cruz do calvário. Ela estava entre os discípulos que haviam se reunido na sala do andar superior após a morte de Jesus. Maria, além de ser sua mãe, era também sua discípula amada.

Após receber o Anjo Gabriel, Maria teria feito uma bela oração de exaltação à vontade do Supremo:

> 46. Então disse Maria:
> A minha alma engrandece ao Senhor
>
> 47. e meu salvador,
>
> 48. Porque contemplou na humildade da Sua serva.
> Pois desde agora todas as gerações me considerarão bem-aventurada,
>
> 49. Porque o Poderoso me fez grandes coisas
>
> 50. A Sua misericórdia vai de geração em geração sobre os que O temem.
>
> 51. Agiu com o Seu braço valorosamente;
> Dispersou os que no coração alimentavam
> Pensamentos soberbos.

> 52. Derrubou dos seus tronos os poderosos
> E exaltou os humildes.
>
> 53. Encheu de bens os famintos e despediu vazios os ricos.
>
> 54. Amparou a Israel, seu servo, a fim de lembrar-se da sua misericórdia,
>
> 55. A favor de Abraão e de sua descendência, para sempre, como prometera aos nossos pais.
>
> 56. Maria permaneceu cerca de três meses com Izabel e voltou para casa (BÍBLIA SAGRADA, 1960, Lucas I: 46-56).

A atual Turquia foi a antiga Ásia Menor, uma área que marca o final do território europeu e o início do continente asiático. Essa separação ocorre no Estreito de Bósforo, em Istambul. A Ásia Menor foi, em parte, o palco de cenas do Cristianismo nascente. Na região da Capadócia, podem ser vistas várias cavernas que serviram de refúgio aos cristãos perseguidos pelo Império Romano.

Próximo à cidade de Éfeso, a sete quilômetros de Selçuk ou mais precisamente no monte Koressos (monte do Rouxinol), existe uma construção que é conhecida como a "Casa da Virgem Maria".

Figura 45 – "Casa da Virgem Maria"

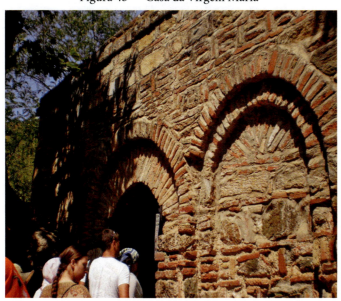

Fonte: foto do autor, Turquia, 2013

Essa casa foi descoberta no século XIX, mediante uma narrativa obtida pelas visões da beata católica Anna Katarina Emmerich, nascida em 1774 e falecida em 1824. Ela foi uma freira católica estigmatizada que tinha poderes de clarividência. Suas visões incluem a referida casa, que foi divulgada em livro de Clemens Brentano cujo título em italiano é *La Passione Secondo Anna- Katharina Emmerick*, após a morte da beata.

Figura 46 – Ana Katarina Emmerich

Fonte: revista *Arautos do Evangelho*, São Paulo, n. 219, p. 25, março de 2020.

A antiga construção é visitada por turistas de todo o mundo. Este autor esteve no local em julho de 2013, em viagem à Turquia. O local possui uma "energia" muito forte!

A Igreja Católica nunca falou a respeito dessa casa, sobre a sua autenticidade, uma vez que não há nenhuma evidência de ser legítima. No entanto, o fluxo de pessoas que para lá se dirige é muito grande, desde a sua descoberta.

A beata também descreveu detalhes do interior da casa, informando a localização de portas, janelas, lareira e o formato da chaminé. Ela nunca esteve no local.

No dia 18 de outubro de 1881, o padre francês Julien Gouyet descobriu a casa, de acordo com as visões da beata. Com o tempo, a casa foi completamente restaurada.

Devotos e turistas vão ao local baseando-se na crença de que a Virgem Maria morou naquela casa de pedras escuras, levada pelo evangelista João, o discípulo amado. Teriam ali permanecido até a Assunção de Maria. A casa é um santuário cristão e muçulmano.

A casa já foi alvo de bençãos papais, pois Leão XIII a visitou em 1886 e, mais recentemente, o papa Bento XVI, em 2006 e 2012. Também esteve lá o papa Paulo VI, em 1967. Ana Katarina Emmerich foi beatificada pelo papa João Paulo II em 3 de outubro de 2004.

Na parte externa da casa está localizado o "Muro dos Pedidos", usado pelos devotos para afixar suas mensagens e pedidos de graças, usando pequenos bilhetes de papel ou tecidos. Flores e frutas crescem nos jardins, iluminado artificialmente. Há uma fonte de água mineral nas proximidades.

Figura 47 – "Muro dos Pedidos" na Casa de Maria

Fonte: foto do autor

REFERÊNCIAS BIBLIOGRÁFICAS

BÍBLIA Sagrada: antigo e novo testamento. Tradução de João Ferreira de Almeida. Rio de Janeiro: Sociedade Bíblica do Brasil, 1960.

ELLSBERG, Robert. *Bendita entre as mulheres*: santas, profetisas, testemunhas do nosso tempo. São Paulo: Editora Novo Conceito, 2008.

SITE CONSULTADO

Disponível em: www.mejogueinomundo.com. Acesso em: 15 mar. 2020

3. MARIA MADALENA

Maria Madalena foi uma discípula das mais antigas de Jesus. Ela foi de grande importância no Cristianismo primitivo e pouco se sabe a seu respeito, além daquilo que consta no Novo Testamento. Passou a ser conhecida como "a mulher da qual haviam saídos sete demônios". Essa frase leva-nos a várias interpretações. Seria ela uma mulher desprezível, uma "pecadora" acompanhada por demônios? Seria Madalena uma mulher obsedada espiritualmente? Seria uma mulher desprezada pela sociedade daquela época, por levar vida dissoluta?

No Evangelho de São Lucas (VIII: 2-3) está escrito:

> 2. Aconteceu depois disso que andava Jesus de cidade em cidade e de aldeia em aldeia, pregando e anunciando o evangelho do reino de Deus, e os doze iam com ele;
>
> 3. e também algumas mulheres que haviam sido curadas de espíritos malignos e de enfermidades: Maria, chamada Madalena, da qual saíram sete demônios (BÍBLIA SAGRADA, 1960).

Maria Madalena era oriunda de um pequeno povoado situado próximo ao lago da Galileia, perto do mar de Tiberíades. Ela também é citada no Evangelho de São Marcos em XVI: 9-11:

> 9. Havendo ele ressuscitado de manhã cedo no primeiro dia da semana, apareceu primeiro a Maria Madalena, da qual expelira sete demônios.
>
> 10. E, partindo ela, foi anunciá-lo àqueles que, tendo sido companheiros de Jesus, se achavam tristes e choravam.
>
> 11. Estes, ouvindo que ele vivia e que fora visto por ela, não acreditaram (BÍBLIA SAGRADA, 1960).

Os Evangelhos também assinalam que Maria Madalena e outras mulheres voltaram ao sepulcro para ungir o corpo de Jesus com perfumes que haviam comprado (BÍBLIA SAGRADA, 1960, Marcos XVI: 1-7). Ao chegar lá, um Anjo lhes informa sobre a ressurreição de Jesus, dizendo-lhes para levarem a notícia aos discípulos. No sábado seguinte após a crucificação, Madalena vai ao sepulcro e o encontra vazio. Pensou que haviam roubado o corpo de Jesus e dá essa notícia a São Pedro. Depois, retorna ao sepulcro e chora a perda do seu mestre. Enquanto chora, vê Jesus ressuscitado, de pé, e não o reconhece. Perguntou-lhe Jesus:

15. Mulher, por que choras? A quem procuras? Ela, supondo ser ele o jardineiro, responde: Senhor, se tu o tiraste, dize-me onde o puseste, e eu o levarei.

16. Disse-lhe Jesus: Maria!
Ela, voltando-se, lhe disse em hebraico: Raboni! que quer dizer Mestre.

17. Recomendou-lhe Jesus: Não me detenhas, porque ainda não subi para o meu Pai, mas vai ter com meus irmãos, e dize-lhes: Subo para meu Pai, vosso Pai para meu Deus e vosso Deus.

18. Então saiu Maria Madalena anunciando aos discípulos: Vi o Senhor! e contava que ele dissera estas coisas (BÍBLIA SAGRADA, 1960, João XX, 15-18).

Maria Madalena foi identificada várias vezes com outras mulheres citadas nos Evangelhos. Foi a partir dos séculos VI e VII d.C. que surgiu a falsa ideia de confundir Maria Madalena com a mulher pecadora que ungiu os pés de Jesus com as suas lágrimas na casa de Simão (BÍBLIA SAGRADA, Lucas VII: 36-50).

Madalena teve papel de destaque nos Evangelhos, recebendo atenção especial entre as seitas gnósticas. Nos escritos gnósticos há relatos secretos de Jesus após a ressureição, sobre a sua relação com Madalena. Sobre isso, vale destacar um fragmento de papiro escrito em copta (um antigo idioma egípcio que empregava caracteres gregos) entre os séculos II e IV d.C., que seria um texto apócrifo. Nesse fragmento, há uma referência à Maria Madalena como "a esposa de Jesus" (KING, Karen L.).

Figura 48 – Fragmento de papiro escrito em copta, no qual há referências à Madalena como esposa de Jesus

Fonte: https://veja.abril.com.br/ciencia/papiro-do-seculo-4-faz-referencia-a-. Acesso em: 15 mar. 2020

De acordo com a pesquisadora e historiadora da Universidade de Harvard, Karen Leigh King, o fragmento "não prova nada!". Esse fragmento tem quatro por oito centímetros, no qual se pode ler: "Jesus disse a eles... 'Minha esposa...'".

Embora outros Evangelhos Apócrifos refiram-se a um Jesus que teria tido um relacionamento com Maria Madalena, em nenhum deles pode-se ler a palavra "esposa".

André Chevitarse, professor do Instituto de História da Universidade Federal do Rio de Janeiro (UFRJ) e autor do livro *Judaísmo, cristianismo, helenismo: ensaio acerca das interações culturais no mediterrâneo antigo*, disse sobre esse fragmento:

> Quando estudamos um texto copta, estamos discutindo a literatura cristã do final do século 3. Entre o advento de Jesus, que teria acontecido no ano 30, e a redação desse texto nós temos cerca de 350 anos. Como essa citação não está presente em nenhum texto anterior, nem no Evangelho de João em grego, deve ter servido de base para o copta, a única conclusão possível é que a comunidade que escreveu o texto acreditava em um Jesus casado (CARVALHO; ROSA, 2016, s/p).

O fragmento de papiro escrito em copta, uma peça revelada pela Dr.ª Karen Leigh King, teria sido escrito no século III, no entanto, possivelmente, é uma cópia de um texto mais antigo elaborado por volta de 150 d.C., ou seja, no século II d.C. Esse fragmento acende o debate sobre o fato de Jesus ser ou não casado. O fragmento foi denominado pela Dr.ª Karen de "The Gospel of Jesus's Wife" (O Evangelho da Esposa de Jesus). Na quinta linha do referido fragmento, pode-se ler: "Ela está preparada para ser minha discípula". Mas não é possível saber se Jesus estaria se referindo à Maria Madalena ou a outra mulher.

O Evangelho Apócrifo de Felipe fala de Maria Madalena como companheira de Jesus, ao dizer:

> [...] a que acompanha [o Salvador é] Maria Madalena. [Mas Cristo amava-a] mais que [todos] os discípulos, e costumava beijá-la [frequentemente] nos lábios. Outros [discípulos ofenderam-se] [...] E disseram-lhe: "Por que tu a amas mais que a nós?" O Salvador respondeu-lhes: "Por que eu não os amo como (amo) a ela?" (Gospel of Philip 63-32, 64-5; in NHL, 138) (PAGELS, 1992, p. 13).

No Evangelho Apócrifo de Maria Madalena (LIMA, 2004, p. 111) há o seguinte diálogo entre Madalena e São Pedro:

1. Pedro disse a Maria:

2. "Irmã, nós sabemos que o Mestre te amou

3. diferentemente das outras mulheres.

4. Diga-nos as palavras que ele te disse,

5. das quais tu te lembras

6. e das quais nós não tivemos conhecimento [...].

Portanto, a controvérsia prossegue, apesar das poucas referências sobre esse tema bastante discutível.

REFERÊNCIAS BIBLIOGRÁFICAS

BÍBLIA Sagrada: antigo e novo testamento. Tradução de João Ferreira de Almeida. Rio de Janeiro: Sociedade Bíblica do Brasil, 1960.

CARVALHO, Ricardo; ROSA, Guilherme. Accsses Time 6 maio 2016,- More Horiz., 2016.

ELLSBERG, Robert. *Bendita entre as mulheres*: santas, profetisas, testemunhas do nosso tempo. São Paulo: Editora Novo Conceito, 2008.

LIMA, Lise Mary Alves. *O Evangelho de Maria (Mírian de Magdala)*. Petrópolis: Editora Vozes, 2004.

PAGELS, Elaine. *Os evangelhos gnósticos*. São Paulo: Editora Cultrix, 1992.

4. TERESA D'ÁVILA

Nada te turbe
Nada te espante,
Pois tudo passa.
Só Deus não muda
E a paciência
Tudo alcança
Quem a Deus tem
Nada falta.
Pois só Deus basta
(Pequeno poema que a Santa trazia em seu breviário, ao morrer)

Figura 49 – Santa Teresa d'Ávila

Fonte: disponível em: //br.pinterest.com/pin/471963235941097619/. Acesso em:1 mar. 2020

Figura 50 – Estátua de Santa Teresa d'Ávila em êxtase

Fonte: Gian Lorenzo Bernini (1598-1680). Disponível em: http://julirossi.blogspot.com/2013/05/extase-de-santa-teresa.html. Acesso em: 18 mar. 2020

Teresa de Ahumada era filha de Alonso Sánchez de Cepeda e Beatriz de Ahumada. A filha do casal nasceu em Ávila, Espanha, em 28 de março de 1515, em uma família numerosa de nove filhos e três irmãs.

O ambiente familiar de Teresa era sensível à cultura e às letras, e em casa aprendeu a ler e escrever aos seis anos de idade. A vida de Santa Teresa pode ser dividida em três fases distintas:

    a. Viveu na casa paterna até os 20 anos. Ainda adolescente, viu a sua mãe falecer. Seu lar foi se desfazendo aos poucos, pois vários dos seus irmãos foram para as Índias em missões evangélicas. Ao completar 20 anos fez opção pela vida religiosa, opondo-se aos anseios de seu pai. Para realizar seu desejo, fugiu de casa em 1º de novembro de 1535, refugiando-se no Mosteiro das Carmelitas, onde foi aceita. O Mosteiro escolhido tinha uma comunidade numerosa formada por 180 freiras. Ali, sofreu grave enfermidade, o que marcou seu corpo durante toda a vida.

    b. Com aproximadamente 40 anos, Teresa viveu a sua primeira Experiência Mística, o que afetou profundamente os rumos de sua vida.

    c. Aos 47 anos, ela passou por outra fase de sua vida. Abandonou o Mosteiro das Carmelitas onde vivia e fundou outra comunidade religiosa, o Carmelo de São José. Mas sua alma inquieta a levou a se tornar uma andarilha. Usando uma carroça e o lombo de mulas, vai a Valladolid e Medina, indo até Alba de Torres e Salamanca. Insatisfeita, sai novamente em direção a Beas, Sevilha, Andaluzia, Soria e Burgos. Cansada, termina seus dias em Alba de Tormes, falecendo em 4 de outubro de 1582, aos 67 anos.

Teresa d'Ávila tornou-se escritora por volta dos seus 42 anos. Alguns dos seus livros foram perdidos. No entanto, é possível listar as suas principais obras:

1. *Fundações*, um texto de narrativas;

2. *Vida*, em que alcança pleno domínio da escrita;

3. *O caminho da perfeição* (1566);

4. *Castelo interior* (1577);

5. *Modo de visitar os conventos*;

6. *Conceitos do amor de Deus*;

7. *O certame*;

8. *Resposta a um desafio*;

9. *Exclamações da alma* (um monólogo);

10. Um livro de poemas místicos, líricos e festivos;

11. Cartas (numerosas).

É difícil tentar marcar a data inicial de sua produção literária. Sua estreia na literatura teria sido por volta dos seus 15 anos, com uma novela de cavalaria, hoje desaparecida.

Somente no final da sua vida pensou em publicar seus escritos. Antes de assim pensar, seus textos eram divulgados de modo restrito, entre amigos e amigas, sendo copiados pelas monjas do seu Carmelo. Em 1579, Teresa enviou cópia do seu livro *Caminho da Perfeição* ao amigo Dom Teutônio de Bragança, pedindo-lhe que o publicasse em uma pequena editora de Évora, em Portugal. O livro só foi publicado meses depois do falecimento de Teresa.

Santa Teresa d'Ávila é uma figura de grande importância na história do catolicismo. Essa mulher ímpar, vivendo na Espanha do século XVI, foi uma reformista religiosa, mística e brilhante mulher. Fundou 17 conventos, caminhando em uma carroça ou montada em mulas, ficando também conhecida por "Santa Teresa de Jesus". Algumas vezes era meiga e encantadora, embora voluntariosa e irreverente. Mas todos aqueles que a conheceram falavam da sua grande coragem e sabedoria mística, baseadas em um profundo relacionamento com Deus.

Em 1881, Vicente de la Fuente publicou uma biografia de Teresa, escrita por Julian de Ávila, amigo de Teresa em algumas das suas andanças em terras espanholas, livro que permaneceu desconhecido até aquela data. Essa biografia foi descoberta por um padre francês, devoto de Santa Teresa. Ela mesma descreveu sua vida. Teresa era alta para a sua época e formosa na sua juventude; na velhice, tinha boa aparência.

À medida que envelhecia, ela passou por muitas experiências místicas, em que seu coração parecia ter sido trespassado pelo Amor Divino, fato descrito em sua biografia. Ela teve por orientador espiritual o frade carmelita São João da Cruz, e Teresa o definia como "uma das almas mais puras da Igreja".

Certa vez, a carroça dirigida por Santa Teresa virou e caiu em um rio pantanoso. Ela se levantou e queixou-se a Deus pelo seu desgosto com o acidente, quando ouviu uma "voz no seu interior", que lhe disse: "É dessa maneira que trato meus amigos". E ela respondeu: "É por isso que tendes tão poucos deles".[11]

Santa Teresa foi canonizada em 1622, 40 anos após a sua morte, sendo a primeira mulher a ser declarada "Doutora da Igreja".

REFERÊNCIAS BIBLIOGRÁFICAS

ÁLVAREZ, Tomás. *Santa Teresa d'Ávila:* obras completas. São Paulo: Editora Paulinas, 2019.

AUCLAIR, Marcelle. *Teresa de Ávila*. São Paulo: Quadrante; Sociedade de Publicações Culturais, 1995.

CRUZ, São João da. *Obras completas*. Petrópolis: Editora Vozes, 1984.

ELLSBERG, Robert. *Bendita entre as mulheres:* santas, profetisas, testemunhas do nosso tempo. São Paulo: Editora Novo Conceito, 2008. p. 138.

PIERRE, Isaure de Saint. *Teresa de Ávila*. São Paulo: Editora Martins Fontes, 1992.

TITÃS da religião. Tradução de J. Coelho de Carvalho. Rio de Janeiro: [s. n.], [19--]. v. VI, p. 443-456. (Coleção Os Titãs).

5. SANTA IRMÃ DULCE

Maria Rita de Souza Brito Lopes adquiriu fama de santidade ainda viva, em virtude de sua compaixão e amor aos pobres. Passou à história imortalizada como Irmã Dulce, freira católica nascida em 26 de maio de 1914.

Aos sete anos, Maria Rita perdeu a mãe chamada Dulce, que faleceu de hemorragia aguda após um parto.

---

[11] ELLSBERG, Robert. *Bendita Entre as Mulheres*. São Paulo: Editora Novo Conceito, p. 138, 2008.

Figura 51 – Irmã Dulce com crianças em Salvador

Fonte: foto de Divulgação/Obras Sociais Irmã Dulce

O município de São Cristóvão, no estado de Sergipe (a quarta cidade mais antiga do Brasil), foi onde viveu Irmã Dulce por quase dois anos, concluindo o seu noviciado entre 1933 e 1934, aos 19 anos. Ela morou no Convento São Francisco durante um ano e seis meses. Ali, funcionava a "Congregação das Irmãs Missionárias da Imaculada Conceição da Mãe de Deus".

Maria Rita foi a segunda filha do odontólogo e professor universitário, Augusto Lopes Pontes, e da dona de casa, Dulce de Souza Brito, uma família de classe média alta de grande influência política na Bahia. Na sua infância era chamada de "Mariinha".

No dia 9 de dezembro de 1932, Maria Rita formou-se professora, ao concluir o Curso Normal com muito boas notas. No entanto, sua vocação era para a vida religiosa, o que para ela era um sinal da Vontade Divina. Um fato curioso na sua vida era a sua paixão pelo futebol, sendo torcedora do Clube Ypiranga.

Uma pessoa de grande importância na vida da Irmã Dulce foi o frei franciscano, de origem alemã, Hildebrando Kruthaup (1902-1986). Sem ele não teria existido Irmã Dulce, segundo seu biógrafo Graciliano Rocha

(2019, p. 33). Ele foi descrito pelos seus contemporâneos como um homem de muito talento para os empreendimentos sociais e materiais.

As atividades sociais da Irmã Dulce foram iniciadas em 1935, quando era uma freira de 21 anos. Nessa data, visitava fábricas onde orava com os trabalhadores, ocasião em que oferecia comida e medicamentos gratuitos às famílias pobres da Cidade Baixa de Salvador, ficando famosa em toda a cidade. Ao falar sobre a miséria, assim disse Irmã Dulce na década de 1980:

> Miséria é a falta de amor entre os homens. Deus não gosta de insensíveis. O problema é de estrutura, porque individualmente as pessoas ajudam, como fazem comigo até hoje. Não entro na área da política, não tenho tempo para me inteirar das implicações partidárias. Meu partido é a pobreza. Não gosto quando usam o meu nome para angariar simpatias porque isso prejudica o meu trabalho (ROCHA, 2019, p. 64).

Na chamada Cidade Baixa, em uma parte conhecida por Ilha do Rato, havia casas abandonadas e fechadas. Para abrigar seus pobres que moravam na rua, Irmã Dulce, auxiliada por outras poucas pessoas, arrombou as portas daquelas casas e nelas colocou seus pobres. Eram cinco casas que passaram a servir de abrigo àquelas pessoas, pobres e doentes. Irmã Dulce era baixinha, medindo um metro e 48 centímetros de altura e pesando 40 quilos. Em virtude do seu trabalho com os pobres, conheceu pessoalmente muitos políticos, empresários e líderes religiosos famosos. Foi amiga de Norberto Odebrecht, Juracy Magalhães, Dom Helder Câmara, presidente João Baptista de Oliveira Figueiredo, José Sarney, Eurico Gaspar Dutra, Antônio Carlos Magalhães e muitos outros.

Premidos pelas secas nos sertões da Bahia, acorria à capital Salvador uma multidão de flagelados e miseráveis em busca de dias melhores. Eles construíram casebres de papelão e madeira na orla da praia. Eram palafitas habitadas por milhares de pessoas, formando o bairro dos Alagados. Nessa favela, trabalhou intensamente a Irmã Dulce que, em virtude dos trajes de freira, ficou conhecida por "Anjo Azul dos Alagados".

Como as notícias do seu trabalho se espalhavam rapidamente, muitos mendigos e doentes acomodavam-se em frente ao convento no qual morava Irmã Dulce. Eram doentes portadores de câncer, lepra, tuberculose e outras doenças graves. Tinham os corpos cheios de feridas, parasitas e fezes. O trabalho era estafante. Ela dormia entre duas e quatro horas por noite, sentada em uma velha cadeira. Alimentava-se pouquíssimo. No café da manhã, comia três ou quatro fatias de pão torrado. Almoçava em um pires, tal era a pouca comida que ingeria.

O Hospital-Albergue Santo Antônio era o quartel-general do trabalho de Irmã Dulce. Naquele local, havia mais de 150 leitos, e ela passou a admitir outra classe de seres humanos: os meninos de rua. Para conseguir comida e remédios para os seus albergados, ela caminhava pelas ruas do comércio de Salvador, pedindo donativos. Com o passar dos anos, sua obra social crescia a olhos vistos. Chegou a alimentar mil pessoas por dia, uma luta sem fim!

Na sua luta contra a pobreza, viajou, a convite, para os Estados Unidos em busca de recursos e logrou êxito nessa viagem. Recebeu toneladas de alimentos, roupas, remédios e material de construção, levados a Salvador por dois aviões da Força Aérea daquele país.

Em virtude do seu estafante trabalho, Irmã Dulce teve os pulmões quase destruídos. Ela foi diagnosticada com bronquiectasia, enfermidade respiratória que impede a assimilação de oxigênio, acarretando acúmulo de CO (monóxido de carbono) no organismo. Contínuas crises de pneumonia acirravam a sua capacidade respiratória que atingiu um terço do normal.

Em 20 de outubro de 1991, estando muito doente e fraquinha (tinha 30 quilos), recebeu a visita do papa João Paulo II. Depois de muito sofrimento físico, esgotada pelas várias doenças e pelo cansaço extremo, Irmã Dulce faleceu às 16 horas e 40 minutos do dia 13 de março de 1992. Depois de um longo processo, Irmã Dulce foi canonizada como a primeira santa brasileira, em 13 de outubro de 2019, pelo papa Francisco. Com isso, ela passou a ser chamada "Santa Dulce dos Pobres".

A figura de Irmã Dulce está acima de toda religião. Ela foi aquilo que o Budismo chama de Bodhisattva, ou seja, ela foi uma pessoa que, movida por grande compaixão, esqueceu de si mesma para ajudar o próximo. Ela foi e é um ser iluminado!

O escritor brasileiro Paulo Coelho foi salvo por Irmã Dulce da fome e da loucura, de acordo com o seu depoimento a seguir:[12]

> Eu estava literalmente passando fome há dias, doente, perdido em Salvador.

---

[12] Disponível em: https://www.fasdapsicanalise.com.br/testemunho-de-paulo-coelho-sobre-irma-dulce/. Acesso em: 20 mar. 2020

Tinha fugido de um sanatório psiquiátrico onde fora internado por meus pais – não porque me queriam fazer mal, mas porque estavam desesperados para controlar o filho 'rebelde'.

Vaguei sem rumo pelas ruas da cidade, que me era completamente estranha, sem um centavo no bolso, até que alguém me disse que havia uma freira que poderia me ajudar – eu já corria o risco de ser preso por vagabundagem. Fui a pé até a casa da freira.

Juntei-me às muitas pessoas que estavam ali em busca de socorro, chegou minha vez, e de repente estava frente a frente com ela. Perguntou o que eu queria – e a resposta foi simples: 'Não aguento mais, quero voltar para casa e não tenho como'. Ela não fez mais perguntas (O que está fazendo aqui? Onde estão seus pais? Etc.).

Eu não comentei que tinha fugido do hospício e que corria o risco de voltar pra lá. Ela pegou um papel em sua mesa, escreveu 'Vale um bilhete de ônibus até o Rio', assinou, e pediu que fosse à rodoviária com ele e mostrasse a qualquer motorista.

Achei uma loucura, mas resolvi arriscar. O primeiro motorista que leu o que estava escrito no papel mandou que eu embarcasse. Isso era o poder daquela freira: uma autoridade moral que ninguém ousava desafiar.

É com lágrimas nos olhos que escrevo essas linhas. Obrigado, Irmã Dulce, por seus dois milagres: matar a fome de alguém e permitir a volta do filho pródigo.

Paulo Coelho

REFERÊNCIAS BIBLIOGRÁFICAS

PASSARELI, Gaetano. *Santa Dulce dos Pobres*: o Anjo Bom do Brasil. São Paulo: Editora Paulinas, 2019.

ROCHA, Graciliano. *Irmã Dulce*: a santa dos pobres. São Paulo: Editora Planeta do Brasil, 2019.

6. ANANDA MAYI MA

Figura 52 – Ananda Mayi Ma

Fonte: disponível em: http://sagradofeminino.saberes.org.br/sri-ma-anandamayi-uma-grande-shakti-manifestada-na-india/. Acesso em: 20 mar.2020

Ananda Mayi Ma é uma das grandes figuras religiosas da Índia do século XX. Nasceu em 30 de abril de 1886, em um vilarejo situado no território do que é hoje Bangladesh. Seu nome de nascimento é Nirmala Sundarī Devī (Deusa de Beleza Imaculada). Nascida de pais da casta dos brâmanes pobres, não puderam lhe proporcionar o acesso a boas escolas. Aos 12 anos, ela casou-se com Sri Ramani Mohan Chakravarty, que ficou conhecido por Bholanath, como era chamado pela esposa. Passou boa parte da sua juventude na casa do irmão do noivo, onde viveu por quatro anos. Aos 18 anos, mudou-se para a casa do marido em Ashtagram. Contam que o casal vivia quase em celibato. Por motivos de trabalho, o casal mudou-se para Bajitpur, mas Ananda Mayi ficou na casa dos seus pais durante três anos, antes de se juntar ao marido.

Foi em Bajitpur que teve início o seu trabalho espiritual, em 1918. Ela recebeu um "aviso" sobre iniciar seus trabalhos no campo da espiritualidade, por meio de uma elevada inspiração divina, segundo declarou. Essa inspiração lhe sobreveio enquanto jogava água de um poço sobre a sua cabeça. A partir desse dia, após o jantar, retirava-se para meditar.

Apesar de ela não ter boa educação formal, passou a evidenciar um profundo conhecimento espiritual, tendo a oportunidade de expor a doutos e sábios temas profundos sobre textos sagrados do Hinduísmo. É interessante destacar que ela nunca foi orientada por nenhum mestre espiritual e que um dos seus primeiros discípulos foi o seu marido, Bholanath.

Na década de 1950, sua fama difundiu-se até mesmo fora do seu país. Devotos acorriam à sua presença santa, para auferir seus conhecimentos. Tinha seguidores não só hindus, mas também de outras religiões. Ela sabia que a total renúncia ao mundo não era para todos, dando grande importância à vida familiar e profissional.

Paramahansa Yogananda, no seu livro *Autobiografia de um yogue contemporâneo*, narra o seu encontro com Ananda Mayi (ver YOGANANDA, 1976). Foi um fato marcante na vida espiritual de Yogananda. Ela se referia a si mesma como "esta menina", "sua filha" ou "este corpo". Apesar de se constituir em um ser humano que alcançou a Libertação Espiritual, nunca se dirigiu a qualquer devoto como seu discípulo.

Em 1924, o casal mudou-se para Dhaka, local onde viveu acontecimentos miraculosos. Pessoas vinham de longe até ela, em busca de curas para os seus males. Seus samādhis chegavam a durar várias horas e era seu marido que sempre a trazia de volta, chamando-a várias vezes.

Ananda Mayi conheceu, pessoalmente, Mahatma Gandhi, Indira Gandhi e outras personalidades importantes. Apesar de todo o assédio que lhe acontecia, ela viveu uma vida de asceta. Comia muito pouco e, em dias alternados, apenas uma única refeição. Já no final da sua vida, no ashran de Kishenour, ela foi se afastando dos seus discípulos, pois sentia que a morte estava próxima. Não respondia a suas numerosas cartas e parou de se alimentar por vários meses, apenas bebendo água, ocasionalmente. Quando a morte chegou, ela disse apenas "Shivaya Namah". Faleceu no dia 27 de agosto de 1982, às 20 horas.

REFERÊNCIAS BIBLIOGRÁFICAS

AZEVEDO, Mateus Soares de. *O livro dos mestres*. São Paulo: Ibrasa, 2016. p. 73-80.

YOGANANDA, Paramahansa. *Autobiografia de um yogue contemporâneo*. São Paulo: Summus Editorial, 1976. p. 415-419.

7. GIRI BALA

Figura 53 – Giri Bala

Fonte: disponível em: http://pranandaji.blogspot.com/2013/12/a-mulher-iogue-que-
-nunca-se-alimenta.html. Acesso em: 22 mar. 2020

Giri Bala ficou conhecida no Ocidente por meio do livro *Autobiografia de um yogue contemporâneo*, de autoria de Paramahansa Yogananda (ver YOGANANDA, 1976). Ela nasceu em 1868 e recebeu a visita de Yogananda na Vila de Bengal Biur, em 1936. Ainda segundo Yogananda, seu prolongado jejum foi investigado por Maharaja de Burdwar. No momento do referido encontro com Giri Bala, ela tinha 68 anos. Nessa época, ela não bebia nem comia há mais de 56 anos.

Quando vivia na casa dos seus pais, comia sem parar, vorazmente. Foi advertida pela mãe, ao lhe dizer que passaria vergonha quando casasse, caso continuasse comendo muito. A previsão da sua mãe aconteceu, quando foi duramente ridicularizada pela sua sogra. Cansada de ser criticada, fez um juramento de parar de comer enquanto vivesse. Recolheu-se em meditação e pediu ao Criador que lhe enviasse um orientador espiritual para ajudá-la a cumprir o prometido.

Saiu de casa em direção às escadarias (*ghats*) de Nawabganj, às margens do rio Ganges, encontrando no caminho o sacerdote da família, ao qual contou o seu desejo. Ele lhe pediu que, à noite, fosse ao templo para conversarem. Lá, o sacerdote realizou uma cerimônia, a qual se revelou inútil.

No dia seguinte, andando novamente em direção às escadarias, viu o seu mestre se aproximando. Reconheceu-o de pronto! Ele lhe revelou que era o guru que ela buscava. Em seguida, Giri Bala pediu a sua ajuda e ele lhe disse: "De hoje em diante, você viverá da luz astral; os átomos do seu corpo se reabastecerão de carga na corrente infinita" (YOGANANDA, 1976, p. 429).

Daquele momento em diante, ela parou de comer, realizando técnicas de Kriya Yoga. Prometeu ao seu mestre não revelar nada a ninguém. A partir desse instante, ela nunca mais adoeceu e passou a dormir muito pouco. Como não comia nem bebia, não tinha excreções físicas. Ela adquiriu vários poderes paranormais, como controlar seu ritmo cardíaco e a sua respiração, passando a ter visões do mundo espiritual, onde via as "Grandes Almas".

Ela disse a Yogananda que seu jejum era para provar que a natureza do ser humano é espiritual e que o homem pode, gradualmente, aprender a viver da Luz Eterna e não de comida.

REFERÊNCIA BIBLIOGRÁFICA

YOGANANDA, Paramahansa. *Autobiografia de um yogue contemporâneo*. São Paulo: Summus Editorial, 1976. p. 421-430.

SITES CONSULTADOS

Disponível em: www.vivendodaluz.com/PT/amboflight/giri_bala.html. Acesso em: 30 mar. 2020

Disponível em: http://pranandaji.blogspot.com/2013/12/a-mulher-iogue-que--nunca-se-alimenta.html. Acesso em: 30 mar. 2020